Lektürehilfen
Heinrich Mann
„Der Untertan"

von Wolf Dieter Hellberg

Ernst Klett Verlag
Stuttgart Düsseldorf Leipzig

Die jeweils 1. Seitenangabe bei Zitaten aus dem Roman bezieht sich auf die Taschenbuchausgabe:
Heinrich Mann, Der Untertan. Roman, Deutscher Taschenbuch Verlag, 1. Auflage München 1964

Die 2. Seitenzahl bezieht sich auf die Neuausgabe:
Heinrich Mann, Der Untertan. Roman, Deutscher Taschenbuch Verlag, 35., überarb. Auflage München 1993

 Gedruckt auf Papier, welches aus Altpapier hergestellt wurde.

Die Deutsche Bibliothek – CIP-Einheitsaufnahme
Hellberg, Wolf Dieter:
Lektürehilfen Heinrich Mann „Der Untertan" / Wolf Dieter Hellberg. – 4. Aufl. – Stuttgart ; Düsseldorf ; Leipzig :
Klett, 1999
ISBN 3-12-922353-3

4. Auflage 1999
Alle Rechte vorbehalten
Fotomechanische Wiedergabe nur mit Genehmigung des Verlages
© Ernst Klett Verlag für Wissen und Bildung GmbH, Stuttgart 1995
Internetadresse: http://www.klett-verlag.de/klett-lerntraining
E-Mail: klett-kundenservice@klett-mail.de
Satz: W. Röck, Weinsberg
Umschlagabbildung: Ullstein Bilderdienst, Berlin
Druck: Clausen & Bosse, Leck. Printed in Germany.
Einbandgestaltung: Bayerl & Ost, Frankfurt a. M.
ISBN 3-12-922353-3

Inhalt

Einleitung 5

Inhaltlicher Aufbau 6

Thematische Aspekte 76
Erziehung und Sozialisation des Untertans 76
Der Untertan und die Macht 80
Heßling und die Frauen 91

Figurenkonstellation 97

Erzählperspektive 104

Satirische Elemente des Romans 108

„Der Untertan" als Parodie des Entwicklungsromans 109
Wiederholungen und Parallelität als satirische Struktur-
merkmale 110
Satirische Funktion der Sprache 112
Zitate als satirisches Mittel 119
Satirische Personendarstellung 122
Satirische Episoden als Strukturmerkmal des Romans 124

Politik und Gesellschaft als Theater 129

Der Prozeß gegen Lauer – eine theatralische Inszenierung 130
Theater als Spiegel der Gesellschaft 134
Die Enthüllung des Denkmals 137

Zeitgeschichtliche Hintergründe des Romans 142

Herrschaftsordnung im Kaiserreich 143
Erziehungs- und Sozialisationsinstanzen 147
Die Konfliktstruktur des politischen Systems 148
Die Situation der Frau 150

Die Entstehung des Romans 151

Die Rezeption des Romans 156

Die Verfilmung des Romans 161

Bibliographie 166

1 Kap : 6 - 13   4 Kap : 29 - 42
2 Kap : 13 - 18   5 Kap : 42 - 55
3 Kap : 18 - 28   6 Kap : 56 - 75

Einleitung

1919 schrieb Kurt Tucholsky über Heinrich Manns Roman „Der Untertan": „Ein Stück Lebensgeschichte eines Deutschen wird aufgerollt: Heßling, Sohn eines kleinen Papierfabrikanten, wächst auf, studiert und geht zu den Korpsstudenten, dient und geht zu den Drückebergern, macht seinen Doktor, übernimmt die väterliche Fabrik, heiratet reich und zeugt Kinder. Aber das ist nicht nur Diederich Heßling oder ein Typ. Das ist der Kaiser, wie er leibte und lebte. Das ist die Inkarnation des deutschen Machtgedankens, das ist einer der kleinen Könige, wie sie zu Hunderten und Tausenden in Deutschland lebten und leben, getreu dem kaiserlichen Vorbild, ganze Herrscherchen und ganze Untertanen."

Fünfzig Jahre später, 1969, äußerte sich Heinrich Böll zu Heinrich Manns Roman: „Ich war erstaunt, als ich den ‚Untertan' jetzt wieder las, erstaunt und erschrocken: fünfzig Jahre nach seinem Erscheinen erkenne ich immer noch das Zwangsmodell einer untertänigen Gesellschaft." (Böll, 403)

Und auch 25 Jahre später scheint der Erfolg des Romans ungebrochen zu sein: im Deutschen Taschenbuch Verlag (nach dessen beiden in der Seitenzählung unterschiedlichen Auflagen von 1964 und 1993 zitiert wird) ist im September 1993 die 35. Auflage erschienen.

80 Jahre nach seinem Vorabdruck findet Heinrich Manns satirischer Gesellschafts- und Zeitroman also noch immer seine Leser, und man darf wohl fragen: Welches sind die Gründe für den Erfolg dieses Romans? Heinrich Mann fand 1946 eine Erklärung; gegenüber Ludwig Marcuse äußerte er: „Wenn immer die Deutschen einen Krieg verlieren, drucken sie meinen Untertan."

Der Roman war und ist keineswegs unumstritten: schon Zeitgenossen verurteilten ihn als „Pamphlet", nannten ihn eine üble „Karikatur"; zudem ist der historische Abstand groß, viele Anspielungen sind schwer verständlich; und schließlich: Lebt die Satire nicht gerade vom Zeitbezug? Oder sollte das Wesen des Spießers, so deutlich getroffen sein, daß man den Spießer auch in der Gegenwart wiedererkennt; sollten die Züge des Untertanencharakters so nachdrücklich gezeichnet sein, daß man diesen Charakter auch heute wiederfindet?

Die Lektürehilfe will einerseits politische Anspielungen und Zeitbezüge aufschlüsseln, die dem heutigen Leser Schwierigkeiten bereiten könnten, sie will andererseits Anregungen geben, den Roman in seiner spezifischen Ausprägung als satirischer Roman zu verstehen, und sie möchte dazu beitragen, den Blick zu schärfen für die Mentalität eines Diederich Heßling.

Es ist nicht auszuschließen, daß es ihn auch heute noch gibt.

Inhaltlicher Aufbau

1. Kapitel

Das erste Kapitel des Romans umreißt die ersten Lebensjahre des Diederich Heßling bis zu seinem Zusammentreffen mit dem Kaiser. Schon der einleitende Satz des Romans stellt Eigenschaften Heßlings heraus, die den Leser voreingenommen machen: „Diederich Heßling war ein weiches Kind, das am liebsten träumte, sich vor allem fürchtete und viel an den Ohren litt." (5) Die fürchterlichen Gestalten aus seinem „geliebten Märchenbuch" glaubt das Kind manchmal leibhaftig neben sich zu sehen und erschrickt; übertroffen wird die Angst vor diesen Märchenfiguren nur noch durch die Furcht vor dem Vater. Gleichzeitig liebt Heßling seinen Vater, allerdings in einer recht zwiespältigen Weise, die sich in der Sucht nach Bestrafung für kleine kindliche Vergehen zeigt. Die Strafe erfüllt ihn mit Stolz, denn in der Bestrafung zeigt sich ihm die Autorität des Vaters.

Heßlings charakterliche Anlagen

Heßling und sein Vater

Der Vater, ein gradliniger, kaisertreuer Mann, der alle Kriege mitgemacht und es bis zum Unteroffizier gebracht hat, hat als Büttenschöpfer gearbeitet und nach dem Krieg von 1870/71 eine kleine Papierfabrik erworben.

In der Fabrik seines Vaters stecken ihm die Frauen, die Knöpfe von den Lumpen trennen müssen, gelegentlich Knöpfe zu, damit er sie nicht verrät, wenn sie Knöpfe entwenden. Nachdem der Junge die Knöpfe eines Tages gegen Bonbons eingetauscht und diese heimlich gegessen hat, betet er „angstgeschüttelt, zu dem schrecklichen lieben Gott, er möge das Verbrechen unentdeckt lassen" (6). Doch das Vergehen wird entdeckt, und der Vater ist in seinem Ehren- und Pflichtgefühl so tief getroffen, daß er eine Träne vergießt und „außer Atem, mit dumpfer Stimme (sagt) ... ,Du betrügst und stiehlst. Du brauchst nur noch einen Menschen totzuschlagen.'" (6)

Heßling ist in vielen seiner Eigenschaften ein Spiegelbild seiner Mutter, auch sie nascht und lügt, hat Angst vor ihrem Mann, der „mit der gefühlsseligen Art seiner Frau … durchaus nicht einverstanden" (6) ist, liebt Märchen und Sagen und liest Romane. Gerade wegen dieser Ähnlichkeit aber achtet Heßling seine Mutter nicht, „denn er achtete sich selbst nicht" (7). Die Mutter verstärkt die sentimentalen Seiten ihres Sohnes und überträgt ihre Ängste auf das Kind.

Die Mutter – Heßlings Spiegelbild

Die Schule stellt die Krönung der furchtbaren Gewalten dar wie den Vater, den lieben Gott, das Burggespenst, die Polizei, den Schornsteinfeger und den Doktor, denen sich das Kind unterworfen fühlt. Anfangs kann Heßling sich in der Schule nicht beteiligen, weil er weinen muß; dann nutzt er den „Drang zum Weinen (aus), wenn er nicht gelernt hatte" (7/8), bis er durchschaut wird: „Dem ersten, der es durchschaute, schenkte er seine ganze Achtung" (ebd). Die ganze Schulzeit hindurch gilt seine Achtung den strengen Lehrern, die ihre Gewalt auch wirklich ausüben, indem sie zum Stock greifen; den gutmütigen spielt er Streiche, mit denen er sich brüstet. Es erfüllt ihn mit Stolz, daß er als Schüler Teil eines Machtapparates ist; es beglückt ihn, „zu diesem unerbittlichen, menschenverachtenden, maschinellen Organismus, der das Gymnasium war" (8), dazuzugehören. Die eigene Macht spielt Heßling gegenüber seinen jüngeren Geschwistern aus, doch „recht geheuer und seiner Sache gewiß fühlte er sich nur, wenn er selbst die Prügel bekam" (8/9).

Die Schule als Krönung der Gewalten

Heßlings Schulzeit

In der Untertertia verhöhnt Heßling den einzigen jüdischen Mitschüler, indem er ihn vor einem aus Holzklötzen gebauten Kreuz vor der Klasse in die Knie zwingt. Die wohlwollende Duldung und auch Anerkennung der Tat durch Lehrer verschaffen ihm ein neues Selbstbewußtsein. Unter dem neuen Klassenlehrer, der seiner Haltung zustimmt, wird er Primus und zugleich geheimer Aufseher. Er denunziert seine Klassenkameraden und hilft, sie bei Vergehen zu überführen. Aber auch hier zeigt sich das unterschwellige Bedürfnis nach Auflehnung und Selbstbestrafung: „Durch die Anzeige der

Heßlings neues Selbstbewußtsein

7

anderen sühnte er die eigene sündhafte Regung." (10/12)

Studium in Berlin

Zum Studium wird Heßling nach Berlin geschickt; anfangs fühlt er sich verlassen und weint „vor Heimweh" (11/13). Nach vier Wochen entschließt er sich endlich, seine Scheu zu überwinden und den Zellulosefabrikanten und Belieferer seines Vaters, Herrn Göppel, zu besuchen. Im politischen Ge-

Besuch bei Göppels

spräch „über den Kanzler, die Freiheit, den jungen Kaiser" (12/14) zeigt sich, daß Heßling keine eigene Meinung hat, „er bestätigte alles, was Göppel wollte" (12/14).

Agnes

Unangenehm berührt fühlt Heßling sich, als Göppels Tochter Agnes hinzukommt, die „ihm auf den ersten Blick durch Schönheit und Eleganz gleich furchtbar" (12/14) erscheint. Sein Minderwertigkeitsgefühl läßt ihn glauben, „sein Aufbruch sei das einzige, womit er das junge Mädchen interessieren könne" (12/14). Bei ihrem zweiten Treffen

Widerstreit der Gefühle

schwankt Heßling zwischen Abneigung und Zuneigung, einerseits meint er entdeckt zu haben, daß Agnes „eigentlich ... nicht hübsch" (14/16) sei, auf der einen Seite „hätte (er) machen wollen, daß sie alles dürfte, daß sie glücklich war und es ihm dankte" (15/17). Dennoch meidet er den Kontakt mit ihr. Als Göppel ihn einlädt, am nächsten Sonntag zu kommen, ist er entschlossen, das Haus nie wieder zu betreten. Doch schon am nächsten Tag besorgt er für Agnes eine Konzertkarte, die er ihr anonym zukommen läßt. Zwar ist er anfänglich entrüstet über den Preis der Konzertkarte, doch „dann bedachte er, daß es für Agnes geschehen sei, und ward von sich selbst erschüttert. Immer weicher und glücklicher ging er durch das Gewühl. Es war das erste Geld, das er für einen anderen Menschen ausgegeben hatte." (16/19)

Mahlmann

Das Glücksgefühl wird überschattet durch das Zusammentreffen mit dem Studenten Mahlmann, der bei Göppels Zimmerherr ist und Heßling dabei beobachtet, wie er den Brief mit der Konzertkarte in den Kasten wirft. Mahlmann bietet Heßling großspurig an, auf Agnes zu seinen Gunsten zu verzichten, und lädt ihn zu einer „Bierreise" (17/20) ein, an deren Ende er Heßling grundlos ohrfeigt und

8

ihm das letzte Geld abnimmt. Hungrig findet sich Heßling am folgenden Sonntag bei Göppels ein. Auf die Frage von Agnes, ob Heßling ihr die Konzertkarte zugesandt habe, verleugnet er sich selbst. Bei einem sonntäglichen Zoobesuch kommen Agnes und Heßling einander näher, doch Mahlmann warnt ihn davor, Agnes zu nahe zu kommen: „Ich bin nur noch ein Semester in Berlin: dann können Sie mich beerben." (19/23) Aus Angst vor Mahlmann flüchtet Heßling nach Netzig und sucht die Schuld am Scheitern der Beziehung bei sich: „Eine, die sich in mich verliebt, muß wirklich dumm sein." (21 f./24 f.) Die Sehnsucht nach Agnes läßt ihn „sich mit der Natur eins fühlen" (21/25), und er beginnt sogar zu dichten, obgleich ihm im Gymnasium „der deutsche Aufsatz ... das Fremdeste" (11/12) war.

Mahlmanns Drohung

Heßlings Flucht

Auf Anraten der Mutter, die „befremdet und eifersüchtig" (21/25) eine Veränderung bei ihrem Sohn feststellt und diese auf die ungünstigen Einflüsse der Großstadt Berlin zurückführt, ist Heßling bereit, an einer kleinen Universität zu studieren. Sein Schulkamerad Hornung, vor dem er mit seinen Berliner Erlebnissen prahlt, überredet ihn jedoch, wieder nach Berlin zurückzukehren. Durch Hornung findet Heßling in Berlin Anschluß an die „hochfeine Korporation" der Neuteutonen. Diese Burschenschaft mit ihren klaren Regelungen kommt Heßlings Mentalität entgegen:

Erziehung durch die Burschenschaft

> „Er sah sich in einen großen Kreis von Menschen versetzt, deren keiner ihm etwas tat oder etwas anderes von ihm verlangte, als daß er trinke. ... Er war untergegangen in der Korporation, die für ihn dachte und wollte. Und er war ein Mann, durfte sich selbst hochachten und hatte eine Ehre, weil er dazu gehörte!" (22 f./26)

Alkohol gewinnt eine neue Dimension der Freiheit für ihn: „Das Bier! Der Alkohol! Da saß man und konnte immer noch mehr davon haben, das Bier war nicht wie kokette Weiber, sondern treu und gemütlich." (24/29) Schließlich wird Heßling für die Burschenschaft ‚gekeilt', er wird Mitglied und soll

Alkohol

Mensur

nun mit einem Säbel fechten. Anfänglich überkommt ihn Angst, aber als die erste Wunde genäht
wird, die Heßling sich bei einer Mensur geholt hat,
„hätte er am liebsten getanzt vor Glück" (25/30).
Heßling wird der Leibfuchs des Jurastudenten
Wiebel, den er wegen seines Äußeren bewundert.

**Ordnung und
Pflicht**

Die Burschenschaft bringt „Ordnung und Pflicht"
(26/32) in sein Leben, die Zeiteinteilung ist durch
das Korpsleben geregelt. Als Wiebel aus der Korporation austritt, übernimmt Heßling die Verantwortung,

> „die von ihm übernommenen Grundsätze selbstän-
> dig zu vertreten und sie den Jüngeren einzupflan-
> zen. Er tat es im Gefühl hoher Verantwortung und
> mit Strenge. ... Nicht Stolz oder Eigenliebe leite-
> ten Diederich: einzig sein hoher Begriff von der
> Ehre der Korporation. Er selbst war nur ein
> Mensch, also nichts; jedes Recht, sein ganzes Anse-
> hen und Gewicht kamen ihm von ihr." (27 f./33 f.)

Sein neues Selbstwertgefühl entwickelt er aus seinem Aussehen: bei festlichen Anlässen genießt er
die uniformähnliche Kleidung seiner Burschenschaft: ‚hohe Stiefel mit Band und Mütze'. Zwar
muß er noch immer einem Leutnant Platz machen,
„aber wenigstens mit einem Trambanschaffner
konnte er furchtlos verkehren" (28/34).

**Die mißlungene
Duellforderung**

Zwei Ereignisse allerdings weisen Heßling in seine
Schranken: Nach einer Auseinandersetzung auf
dem Tanzboden fühlt er sich genötigt, seinem Gegner nachzufahren, um ihn zum Duell zu fordern.
Mit Hornung wartet er vor einem Haus, in dem der
Gesuchte mit seinem Freund verschwunden ist. Als
sich herausstellt, daß Heßlings Duellforderung
einem adligen Offizier, „Albrecht Graf Tauern-Bä-
renheim" (30/36), gilt, wird der Zwischenfall kur-
zerhand als Scherz deklariert, und damit ist „die
Sache... erledigt" (ebd). Heßlings ‚tapferes' Verhalten wird in der Burschenschaft anerkannt.

**Unerfreuliches
Wiedersehen mit
Mahlmann**

Da Heßling kein Geld zur Heimreise hat, kommt er
auf die Idee, Mahlmann als Bürgen für einen Wechsel anzusprechen. Er sucht Mahlmann in seinem
Patentbüro auf und hofft, daß dieser schon deswe-
gen für ihn bürgen werde, weil Heßling dies im um-

gekehrten Fall auch getan hatte und den Wechsel sogar bezahlen mußte. Doch Mahlmann weigert sich und läßt Heßling, als dieser eine Duellforderung ausspricht, einfach von einem Angestellten auf die Straße befördern.

Zu Hause findet er einen Brief seiner Mutter, in dem sie ihn bittet, nach Hause zu kommen, da der Vater im Sterben liege.

Der Tod des Vaters macht Heßling zum Erben und zum Vormund seiner beiden Schwestern, deren Erbe von 70 000 Mark nicht angerührt werden darf. Über den Gewinn der Fabrik, den er sich mit seiner Mutter und seinen Schwestern teilen muß, zeigt Heßling sich enttäuscht.

Tod des Vaters

Nach dem Tod des Vaters überkommen Heßling „wilde Freiheitsgefühle" (34/42), „nachts freilich träumte er, der alte Herr trete aus dem Kontor, mit dem ergrauten Gesicht, das er als Leiche gehabt hatte" (ebd). Heßling entschließt sich, seinen einjährigen Militärdienst abzuleisten. Bei der Musterung wird er, trotz seiner Leibesfülle, angenommen. Obwohl er gegenüber einem Unteroffizier betont, daß er froh sei, Soldat zu sein, versucht er, von seinem Netziger Arzt Heuteufel ein Attest zu erhalten, das bescheinigen soll, daß „er skrofulös und rachitisch sei" (35 f./43). Da der Arzt dieses Gefälligkeitsattest ablehnt, muß Heßling in die Kaserne einziehen.

Militärdienst

Vergebliche Bitte um ein Attest

Die militärische Ausbildung ist darauf ausgerichtet, die Soldaten umherzuhetzen. Heßling erkennt sehr schnell, „daß alles hier, die Behandlung, die geläufigen Ausdrücke, die ganze militärische Tätigkeit vor allem darauf hinzielte, die persönliche Würde auf ein Mindestmaß herabzusetzen. Und das imponierte ihm." (36/44) „Freudige Unterwerfung" (37/45) und das Gefühl, „man sei da in einem großartigen Betrieb, ein Teil der Macht sozusagen, und wisse immer, was man zu tun habe" (38/46), hindern Heßling nicht daran, sich vor dem Geländedienst zu drücken. Ein leicht verstauchter Fuß veranlaßt ihn, den Vater eines Korpsbruders, einen Geheimen Sanitätsrat, aufzusuchen, der sich wiederum für Heßling bei dem Oberstabsarzt der Kaserne einsetzt. Dieser ermöglicht schließlich seine

Die freudige Unterwerfung

Drückebergerei und Entlassung

11

Entlassung aus dem Militärdienst. Zu Hause erfindet Heßling eine eindrucksvolle Geschichte, um sein Ausscheiden vom Militär in ein günstiges Licht zu setzen.

Heßling studiert wieder, kneipt mit den Neuteutonen und wird durch den Vortrag von Assessor von Barnim mit reaktionären politischen und antisemitischen Ideen konfrontiert: „Die jüdischen Mitbürger … waren … das Prinzip der Unordnung und Auflösung, des Durcheinanderwerfens, der Respektlosigkeit; das Prinzip des Bösen selbst." (41/51)

Februardemonstration in Berlin

Im Februar 1892 beobachtet Heßling in Berlin Gruppen von Arbeitslosen, die vor dem Schloß des Kaisers demonstrieren. Er erregt sich darüber, daß „die Polizei nicht energischer vorgeht" (43/53), aber sein alter Korpsbruder Wiebel vertröstet ihn: „Es ist … gar nicht immer zu wünschen, daß derartige Fäulniserscheinungen am Staatskörper gleich anfangs unterdrückt werden. Man läßt sie ausreifen, dann macht man ganze Arbeit!" (43/53) Am 26. Februar schließlich scheint dieser Tag der „Reife" gekommen, die Demonstration der Arbeitslosen zeigt sich zielbewußter und wirkt „unaufhaltsam wie übergetretenes Wasser" (44/53 f.). Rufe nach Brot und Arbeit sind unüberhörbar, Scheiben eines Cafés gehen zu Bruch. In dieser sich verschärfenden

Verschärfung und Auftritt des Kaisers

Situation tritt Kaiser Wilhelm II. vor die Demonstranten. Diese werden von ihrem Ziel abgelenkt: „Man sah ihn an und ging mit… Sie hatten: ‚Brot! Arbeit!' geschrien, bis er gekommen war. Nichts hatte sich geändert, als daß er da war – und schon marschierten sie." (45 f./55) Der Kaiser und seine Begleitung reiten durch das Volk, das nun zu Statisten einer „Aufführung" des Kaisers geworden zu sein scheint. Der Kaiser inszeniert sich selbst: „Tiefer Ernst versteinte seine Züge, sein Auge blitzte hin über die Tausende" (ebd). Ein junger Mann mit einem Künstlerhut durchschaut diese Situation und sagt: „Theater, und nicht mal gut." (45/56)

Heßling ist empört über diese Bemerkung, und erstmals versucht er, „zu blitzen wie der Kaiser" (ebd); dabei fühlt er, daß er hier „zum erstenmal im Leben, die gute Sache zu vertreten habe gegen feindliche Bemängelungen" (46/56). Weil Heßling die Zustimmung der Menge spürt und der Gegenüber schwächlicher als er ist, schlägt er ihn zu Boden.

Am Brandenburger Tor ist Heßling dann nur noch zwei Schritte vom Kaiser entfernt, jetzt kann er „den steinernen Ernst und das Blitzen" genau erkennen, und vor Begeisterung verschwimmt ihm alles vor Augen: „Ein Rausch, höher und herrlicher als der, den das Bier vermittelt, hob ihn auf die Fußspitzen, trug ihn durch die Luft." (47/57) Heßling folgt dem Kaiser bis in den Tiergarten, hier ist er für einen kurzen Moment allein mit seinem Idol, er reißt den Hut vom Kopf, will schreien, gleitet aber aus und „setzte sich mit Wucht in einen Tümpel, die Beine in die Luft, umspritzt von Schmutzwasser" (47/58). Der Kaiser schlägt sich auf die Schenkel und lacht: „Der Mensch war ein Monarchist, ein treuer Untertan!" (ebd).

Heßlings erste Begegnung mit dem Kaiser

2. Kapitel

Das zweite Kapitel schildert Heßlings Liebesbeziehung zu Agnes, die er durch Zufall wiedertrifft, als er verschmutzt nach dem Zusammentreffen mit dem Kaiser zurückkehrt. Sie sitzt auf einer Bank im Tiergarten, weil wegen der Demonstration kein Bus fährt. Übertrieben schildert Heßling Agnes seine Erlebnisse: unter den Linden habe er „blutige Kämpfe bestanden für seinen Kaiser!" (49/59). Er bietet Agnes an, sie nach Hause zu bringen. Auf dem Weg überkommt ihn die alte Beklommenheit, und seine „männlichen Hochgefühle" schwinden. Als sich Heßling nach Mahlmann erkundigt, erfährt er, daß Agnes Mahlmann keineswegs geliebt hat und dessen Geschenke nur deshalb angenommen hat, um auch Heßlings Geschenke annehmen zu dürfen. Da die Stadt nach wie vor gesperrt ist und keine Busse fahren, lädt Heßling Agnes zu sich ein. Hier kommt es zum ersten intimen Beisammensein. Agnes gesteht Heßling, daß sie ihn liebe und seit dem letzten Treffen vor drei Jahren sehr

Wiedersehen mit Agnes

Das Liebesgeständnis

13

vermißt habe. Heßling fühlt sich einerseits von diesem Eingeständnis geschmeichelt, auf der anderen Seite scheint ihm Agnes nach ihrem Liebesbeweis „verkleinert und sehr im Wert gesunken" (52/63). Während Agnes zu ihren Gefühlen steht, reagiert Heßling steif und sagt: „Natürlich denke ich nicht daran, mich meinen Verpflichtungen dir gegenüber zu entziehen. Nur vorläufig: du verstehst, ich verdiene noch nichts" (53/64). Im Widerstreit der Gefühle glaubt er, daß Agnes „scheußlich raffiniert" (54/65) sei, fühlt sich aber zugleich verwandelt und glücklich: „So schön kommt es im ganzen Leben nicht wieder!" Für kurze Zeit erkennt er seine falsche Beurteilung der Welt:

Heßlings zwiespältige Gefühle

Heßlings neue Selbsteinschätzung

> „War er selbst es, der jemand um einiger Worte willen geschlagen hatte, geprahlt, gelogen, sich töricht abgearbeitet und endlich, zerrissen und sinnlos, sich in den Schmutz geworfen hatte vor einem Herrn zu Pferd, dem Kaiser, der ihn auslachte? Er erkannte, daß er, bis Agnes kam, ein hilfloses, bedeutungsloses und armes Leben geführt habe." (54/65)

Im Überschwang der Gefühle schreibt er Agnes einen Brief, in dem er ihr seine Liebe eingesteht. Doch schon am nächsten Morgen überwiegt wieder die Vorsicht, und er verschließt den Brief in seinem Schreibtisch.

Heßling und Agnes treffen sich nun häufiger, Agnes holt ihn sogar im Laboratorium ab, und erstmals scheint Heßling er selbst zu sein:

> „Aber was er hier sagte, war von einer höheren Wahrheit als alles, was er wußte. Der eigentliche Diederich, der, der er hätte sein sollen, sprach wahr." (59/71)

Aber letztlich bringt er nicht den Mut auf, ganz zu sich selbst zu finden: „Solche Sachen waren ungesund, führten zu nichts und machten Ungelegenheiten. Sein Professor hatte schon von den Besuchen der Dame erfahren." (59/71) Er erklärt Agnes grob: „Eine Geliebte, die ihn an seiner Karriere hindern wollte, könne er überhaupt nicht brau-

Abkehr von Agnes

chen. So habe er sich die Sache nicht vorgestellt."
(59/72) Agnes versichert, Heßling brauche keine
Rücksicht auf sie zu nehmen, sie wolle auf ihn warten, bis er für sie Zeit habe. Dies nutzt er aus und
läßt Agnes tatsächlich immer häufiger warten:
„Sogar den Besuch politischer Versammlungen
erklärte er für eine Pflicht, die der Zusammenkunft
mit Agnes vorangehe" (60/72).

Der Sohn des in Netzig hoch angesehenen „alten **Wolfgang Buck**
Buck" besucht Heßling, und im Gespräch erläutert
der junge Buck seine „feindliche Zärtlichkeit", die
er für den Kaiser empfinde, weil er dem Kaiser, wie
er ironisch bemerkt, „eine heimliche Liebe für die
Sozialdemokratie" (61/73) zutraue und vermute,
daß der Kaiser „in tiefster Seele ... seine Zweifel an
der Rolle (habe), die er sich zumutet" (61/75). Heßling vermag dem jungen Buck kaum zu folgen, **Heßlings**
empfindet aber Mißtrauen gegenüber der Einstel- **Mißtrauen**
lung des ehemaligen Klassenkameraden und erinnert „sich, daß auf der Schule Bucks deutsche Aufsätze, die zu geistreich waren, ihm ein unerklärtes,
aber tiefes Mißtrauen eingegeben hatten" (62/75).

Heßling wird zwar noch gelegentlich von Gefühlen **Furcht vor Senti-**
für Agnes übermannt, doch unterdrückt er sie „aus **mentalität**
Furcht vor der Szene und der sentimentalen Stim-
mung nachher, die ihn wieder mehrere Arbeitstage
kostete und ihr die Oberhand gab" (63/76). Gleichzeitig vermutet er mißtrauisch, daß die schlechte
Geschäftslage Göppels, von der er durch seinen
Buchhalter Sötbier erfahren hat, ein Grund für die
Anhänglichkeit von Agnes sein könnte.

Gelegentlich spürt er allerdings, daß er eine Rolle
einnimmt, daß er „falsch (redet) und ... wider Willen (handelt), ... aber das verging" (65/78). So wird
seine Beziehung zu Agnes oberflächlicher. Zwar
kommt seine Geliebte, „sooft er sie bestellte, und
ging fort, wenn es Zeit für ihn war, zu arbeiten oder
zu kneipen" (ebd), doch allmählich werden die **Schwankende**
Treffen seltener. Agnes jedoch gibt die Hoffnung **Gefühle**
nicht auf, daß es wieder wie früher werden könnte.
Als sie Heßling mit Rosen zur Annahme der Doktor-
arbeit gratuliert, ist Heßling zu Tränen gerührt. Er
gesteht Agnes, daß er sie „immer liebhaben werde"
(65/79). Spontan beschließen beide, Herrn Göppels

15

Der gemeinsame Ausflug

Heßlings Liebeserklärung

Der Bruch

Der Besuch des alten Göppel

mehrtägige Abwesenheit zu nutzen und aufs Land zu fahren (ebd). Nach einer gemeinsamen Nacht spazieren sie durch das Dorf und die sommerlichen Felder. Noch einmal überkommt Heßling ein sentimentales Gefühl, und er gesteht Agnes, daß er sich drei Jahre lang nach ihr gesehnt, aber Furcht vor ihr gehabt habe, weil sie „zu schön..., zu fein, zu gut" (69/83) für ihn schien. Seine Liebeserklärung endet beinahe in einem Heiratsantrag. Doch nach den Worten „Wir gehören zusammen" (69/84) ist Heßling von sich selbst erschrocken, fühlt sich „gelähmt", und „sie lösten sich voneinander, ohne sich anzusehen. Diederich schlug plötzlich die Hände vor das Gesicht und schluchzte." (69/84) Bei einer anschließenden Bootsfahrt glaubt Heßling noch an ihre gemeinsame Zukunft, „nun war es gut" (69/84). Doch ein kleiner Zwischenfall, bei dem das Boot beinah kentert und den Heßling als Verschulden von Agnes deutet, zerbricht die Stimmung. Heßlings Blick ist „hart und mißtrauisch" (70/85). Beide brechen sofort auf, reisen zurück nach Berlin und verabschieden sich unterkühlt.

Heßling interpretiert die Situation in der ihm eigenen Weise, „auf den ganzen Trick war sie doch nur verfallen, weil sie durchaus geheiratet werden wollte! ‚Die Weiber sind zu gerissen, und sie haben keine Hemmungen, da kommt unsereiner nun mal nicht mit.'" (70/86) Daß Agnes vor seinem Haus wartet und ihm folgt, macht sie in seinen Augen nur noch wertloser: „Er betrachtete sie als endgültig gesunken." (71/87)

Nach dem bestandenen Doktorexamen, das die Neuteutonia mit einem ausgedehnten Saufgelage feiert, wird Heßling von Herrn Göppel in seinem Zimmer aufgesucht. Anfangs ist Heßling verunsichert, befürchtet, daß Herr Göppel etwas von der Beziehung zu Agnes weiß und ihm drohen will. Als Herr Göppel auf die gemeinsamen Geschäftsbeziehungen und die Branchenverbindung anspielt, gewinnt Heßling Oberwasser, da er weiß, daß Göppels Geschäfte schlecht stehen. Er vermutet, daß Göppel eine Heirat zur Verbesserung der eigenen geschäftlichen Lage anstrebt. Daß es dem Vater um das Schicksal seiner Tochter gehen könnte, kommt

16

Heßling nicht in den Sinn. Die Situation eskaliert, als Heßling von Göppel „Satisfaktion" verlangt, weil dieser ihn einen „Schubbejack" genannt hat. Göppel antwortet erregt: „Das möchten Sie wohl! Die Tochter verführen und den Vater abschießen! Dann ist Ihre Ehre komplett!" (74/90) Doch weil es um das persönliche Schicksal seiner Tochter geht, versucht Göppel noch einmal in ruhigem Ton mit Heßling ins Gespräch zu kommen. Als er ihn „mein lieber Heßling" nennt, schreit dieser ihn an: „Für Sie heiß ich Herr Doktor!" Das Gespräch gipfelt in Heßlings höhnischer Darstellung seiner verlogenen Moralvorstellungen:

Heßlings Duellfor-derung

> „Mein moralisches Empfinden verbietet mir, ein Mädchen zu heiraten, das mir seine Reinheit nicht mit in die Ehe bringt. ... Kein Mensch kann von mir verlangen, daß ich so eine zur Mutter meiner Kinder mache. Dafür hab ich zuviel soziales Gewissen." (75/91)

Verlogene Moral-vorstellung

„Durch die edel männliche Gesinnung, ... durch Agnes' und ihres Vaters Unglück, das zu heilen ihm die Pflicht verbot, durch die schmerzliche Erinnerung an seine Liebe und all diese Tragik des Schicksals" (75/91 f.) ist Heßling von sich selbst gerührt. Er bricht in Tränen aus, als Herr Göppel das Zimmer verläßt, und spielt am Abend Schubert. Doch „damit war dem Gemüt Genüge getan, man mußte stark sein" (75/92).

Heßlings Entwicklung hat am Ende dieses Kapitels eine wichtige Stufe erreicht. Das weiche, empfindsame Kind hat „rücksichtslose Energie" (75/92) bewiesen und die von der Mutter herrührende Sentimentalität überwunden, „ein Mädel wie Agnes, die gerade so verrückt war wie seine Mutter, würde ihn ganz untauglich gemacht haben für diese harte Zeit" (75/92). Der Untertan hat seine Gefühle zu unterdrücken gelernt und dort zerstörerisch gewirkt, wo er auf Schwächen gestoßen ist.

Heßlings Entwick-lungsgang

Die innere Wandlung findet ihren Niederschlag im Äußeren. Heßling läßt sich beim Hoffriseur Haby den Bart nach kaiserlichem Vorbild „in zwei rechten Winkeln hinaufführen" (76/93). Er erkennt sich im Spiegel kaum wieder:

Innere und äußer-liche Wandlung

Das Gesicht der Macht

„Der von Haaren entblößte Mund hatte, besonders wenn man die Lippen herabzog, etwas katerhaft Drohendes, und die Spitzen des Bartes starrten bis in die Augen, die Diederich selbst Furcht erregten, als blitzten sie aus dem Gesicht der Macht." (76/93)

3. Kapitel

Heßlings Rückkehr nach Netzig

Das dritte Kapitel umfaßt im wesentlichen Heßlings ersten ereignisreichen Tag in Netzig, da er, um einer weiteren Begegnung mit der Familie Göppel zu entgehen, sogleich dorthin abreist. Auf der Bahnfahrt begegnet er einer Kinderbekanntschaft, Guste Daimchen. Anders als Agnes ist Guste schlagfertig und zupackend, denn als Heßling zudringlich werden will, fängt er sich eine Ohrfeige ein. Dieser kleine Vorfall hindert die beiden aber nicht daran, sich gut zu verstehen. Wohlgefällig betrachtet Heßling „das dicke, rosige Gesicht mit dem fleischigen Mund und der kleinen, frech eingedrückten Nase; das weißliche Haar, nett, glatt und ordentlich, den Hals, der jung und fett war, und in den Halbhandschuhen die Finger, die die Wurst hielten und selbst rosigen Würstchen glichen." (77/94)

Guste Daimchen – zupackend und appetitlich

Das lockere Gespräch wird durch Gustes Hinweis auf ihre Verlobung mit dem jungen Buck unterbrochen, Heßling ist „enttäuscht", zugleich verliert er „den Mut" (78/95), Fragen zu stellen. Als ihn am Bahnhof seine Schwestern abholen und ihm mitteilen, daß Guste geerbt hat und Millionärin ist, ist Heßling „erschrocken vor Hochachtung" (79/96).

Heßling als neues Oberhaupt

Zu Hause empfängt ihn seine Mutter überschwenglich, und Heßlings Sentimentalität bricht erneut durch. „Die feierliche Schicksalsstunde, in der er das erstemal als wirkliches Haupt der Familie ins Zimmer" (79/96 f.) tritt, rührt ihn, und er weint. Pathetisch versichert er seiner Mutter und den Schwestern: „Ich werde mir immer bewußt bleiben, daß ich meinem Gott für euch Rechenschaft schulde." (79/97) Anschließend tritt Heßling vor

18

die Arbeiter und Kontoristen seiner Fabrik und hält eine Rede. ,Schneidig und abgehackt' sucht er den Tonfall kaiserlicher Reden zu treffen und dabei „seine Augen blitzen zu lassen" (80/98). Drohend erklärt er, daß für ihn jeder Sozialdemokrat „Feind ... (seines) Betriebes und Vaterlandsfeind" (ebd) sei. Ein Schwindelgefühl überkommt Heßling, von seinen „starken Worten" fühlt er sich erregt.

Heßlings erste Rede

Die neue Richtung

Anschließend erläutert er seiner Mutter und seinen Schwestern großspurig seine Pläne: „die Fabrik war zu vergrößern, das hintere Nachbarhaus anzukaufen. Man mußte konkurrenzfähig werden." (81/98 f.) Beiläufig kommt das Gespräch auf die bevorstehende Heirat Gustes mit Buck, die Schwestern äußern allerdings Zweifel, ob es zu dieser Heirat komme, denn der junge Buck „soll doch was mit einer Schauspielerin haben" (81/99).

Die ängstliche Bewunderung, die Heßling als Kind für den alten Buck als „achtunggebietende Persönlichkeit" (9/10) empfunden hatte, kehrt sich nun in überhebliche Verachtung: „Den Buck kenne er, der sei nicht normal. ,Es liegt wohl in der Familie. Der Alte hat doch auch schon eine Schauspielerin geheiratet.'" (81/99)

Am nächsten Tag macht er dem alten Buchhalter Sötbier Vorwürfe, daß in seinen Händen das „Geschäft versumpft" (83/101) sei, und erklärt, daß jetzt „eine andere Zeit angebrochen" (ebd) sei. In der Fabrikhalle trifft er mit dem schwarzhaarigen Maschinenmeister zusammen, der ihm schon bei seiner Rede am Vortag verdächtig erschienen war. Heßling erträgt den Blick des Maschinenmeisters nicht, der „etwas düster Höhnisches" (84/102 f.) an sich hat. Dem „Kompetenzstreit" um die Einstellung der Maschine ist Heßling ebenfalls nicht gewachsen, den Argumenten seines Maschinenmeisters kann er nichts entgegensetzen.

Kritik an Sötbier

Der neue Feind – Napoleon Fischer

Nach dieser ersten Niederlage demonstriert er seine Macht im Lumpensaal. Eine Arbeiterin, die ihn ein wenig anlächelt, prallt vor seiner harten Miene zurück. Als er dann noch ein junges Paar hinter Lumpenballen entdeckt, gerät er außer Fassung: „Ihr beide stehlt mir die Arbeitszeit, die ich euch bezahle. Ihr seid Schweine und außerdem Diebe.

Wiederherstellung von Zucht und Ordnung

Die Macht des Gewerkschaftsführers

Heßlings Antrittsbesuche beim alten Buck

Bucks Versprechen

Die politische Anschauung des alten Revolutionärs

... Deutsche Zucht und Sitte verlang ich hier." (85/104) In dieser Situation trifft er erneut auf den Maschinenmeister, der sich Heßling ruhig widersetzt und eine Verantwortung für den Vorfall zurückweist. Als der Maschinenmeister Fischer Heßlings Frage bejaht, ob er Sozialdemokrat sei, entläßt Heßling ihn auf der Stelle. Der Buchhalter Sötbier jedoch weist ihn darauf hin, daß Napoleon Fischer gewerkschaftlich organisiert sei und alle Arbeiter „die Arbeit niederlegen würden" (85/104) aus „Furcht vor den Roten" (ebd).

Daß die Kündigung nicht aufrecht zu erhalten ist, erfüllt Heßling mit „Haß".

Heßling macht sich nach dieser zweiten Niederlage auf, „um den wichtigsten Herren der Stadt die Aufmerksamkeit seines Besuches zu erweisen" (86/106). Obgleich er beabsichtigt, zuerst den Bürgermeister Doktor Scheffelweis aufzusuchen, schaut er, „wie auf eine Verabredung, die er vor sich selbst geheim gehalten hätte" (ebd), als erstes bei dem alten Buck vorbei. Die herzliche Begrüßung treibt Heßling die Tränen der Rührung in die Augen, und stammelnd versichert er, daß er „immer ganz zu ... Diensten stehe" (87/106). Der alte Buck verspricht, daß man Heßling in naher Zukunft zum Stadtverordneten wählen und damit „eine verdiente Familie" (87/106) belohnen werde, noch sei „Raum ... für wahrhaft liberale Männer" (87/107). Eilfertig versichert Heßling, „selbstverständlich durchaus liberal" (87/107) zu sein. Der alte Buck sichert zu, „dafür zu sorgen, ... daß keine erschwerenden Umstände" (88/108) beim Ausbau seiner Fabrik einträten. Nach diesem geschäftlichen Teil des Gespräches entwickelt der alte Buck seine politischen Vorstellungen, die geprägt sind von seinen Erfahrungen aus der Zeit der Revolution von 1848 und der Erkenntnis des Scheiterns dieser Revolution. Auf Heßlings Hinweis, „dank den Hohenzollern, (habe man doch) das einige Deutsche Reich", antwortet der alte Buck, „wir müßten, um unsere Einigkeit zu beweisen, einem eigenen Willen folgen können" (89/109). Resigniert ergänzt er, man sei damals „närrisch genug" gewesen, an das Volk zu glauben.

„Wir glaubten, es würde alles das selbst vollbrin-
gen, was es jetzt für den Preis der Unfreiheit von
seinen Herren entgegennimmt. ... Wir sahen nicht,
daß es ... bestimmt sei, nach seinem Aufschwung
den Mächten der Vergangenheit anheimzufallen.
Schon zu unserer Zeit gab es allzu viele, die, unbe-
kümmert um das Ganze, ihren Privatinteressen
nachjagten und zufrieden waren, wenn sie, in ir-
gendeiner Gnadensonne sich wärmend, den uned-
len Bedürfnissen eines anspruchsvollen Genußle-
bens genügen konnten." (89/109)

**Bucks
Resignation**

Erneut fühlt sich Heßling eingeschüchtert vom alten Buck, der in seiner Jugend die von ihm verehrte
und gefürchtete Macht ebenso verkörperte wie der
Polizist, der Schornsteinfeger und der Doktor.
Bucks Bekenntnis, daß die „deutsche Einheit ...
eine Gewissenspflicht, die eigene Schuld jedes einzelnen, für die er einstand" (90/110) gewesen sei,
da man „keinem sogenannten Schöpfer der deutschen Einheit" (90/110) gehuldigt habe, vermag
Heßling nur mit einer oberflächlichen Bemerkung
zu erwidern: „Das deutsche Volk ist eben, Gott sei
Dank, nicht mehr das Volk der Denker und Dichter,
es strebt modernen und praktischen Zielen zu."
(90/110) Diese banalen Sätze reißen den alten Buck
aus seinen Erinnerungen in die Gegenwart, und er
gesteht Heßling, daß er einsam geworden sei. Heßling hält ihm zwar entgegen: „Sie (sind) immer
noch der mächtigste Mann in der Stadt. Die Stadt,
sagt man immer, gehört dem Herrn Buck" (90/111).
Bucks Eingeständnis, „daß es so einsam wie nie"
(90/111) um ihn geworden sei, erfüllt Heßling mit
neuer Überlegenheit. Zum Abschluß warnt der alte
Buck Heßling vor dem neuen Regierungspräsidenten von Wulckow und schenkt ihm einen Band mit
selbstverfaßten Gedichten.
Schon auf der Straße macht sich Heßling Vorwürfe,
daß er sich habe „verblüffen lassen" (91/112), und
ärgert sich, daß ihm diese „Vogelscheuche" impo-
niert habe. Zur Beruhigung gesteht er sich ein, daß
man sich vorläufig mit dem alten Buck gut stellen
müsse, „aber wehe, wenn ich der Stärkere bin!"
(91/112) Zielstrebig begibt er sich zum Bürgermeister, der mit einem Assessor der Staatsanwalt-

**Bürgermeister
Scheffelweis**

schaft, Jadassohn, ein zweites Frühstück einnimmt. So freundschaftlich und ungezwungen das
Gespräch mit dem alten Buck begann, so zäh und
hilflos reagiert der Bürgermeister auf Heßling.
Doktor Scheffelweis versucht im Gespräch einen
objektiv abwägenden Eindruck zu vermitteln,
wenn er seine Erklärungen mit den Worten „einerseits" und „andererseits" einleitet. Anfänglich
fühlt Heßling sich unwohl und „schutzlos", zumal
er Scheffelweis eingestehen muß, daß er vor ihm
den alten Buck aufgesucht hat, allerdings „nur im
Andenken an meinen Vater" (93/114).

Assessor Jadas-
sohn

Den Assessor Doktor Jadassohn betrachtet Heßling
zunächst zurückhaltend, da er „stark jüdisch" (92/
113) aussieht. Die „ungeheuren, roten und weit abstehenden Ohren" (93/114) erinnern Heßling an die
furchtbaren Gewalten seiner Kindheit und erfüllen
ihn kurze Zeit so mit Schreck, daß er seine Erklärungen, warum er den alten Buck zuerst aufgesucht habe, nur stammelnd beenden kann. Doch
schon die ersten Sätze von Jadassohn lassen ihn

Jadassohns politi-
sche Haltung

aufhorchen: „Der Respekt ist in gewissen Fällen
dazu da, daß man sich ihn abgewöhnt." (ebd) Ver-
ständnisvoll nimmt Heßling auch die folgenden Erläuterungen Jadassohns zur Kenntnis: „Für mich
als Vertreter einer staatlichen Behörde wie als
überzeugter Anhänger der bestehenden Ordnung
sind dieser Herr Buck und sein Genosse, der
Reichstagsabgeordnete Kühlemann, nach ihrer
Vergangenheit und Gesinnung einfach Umstürz-
ler" (93/115).

Zwar vermag Heßling auf Jadassohns Kritik am
Magistrat vorerst nur mit Floskeln zu reagieren,
„ich bin ein durchaus liberaler Mann, aber das muß
ich sagen ... das nationale Banner muß hochgehal-
ten werden" (94/115). Doch die spürbare Verunsicherung des Bürgermeisters, der sich entschuldigt,
dem Kaiser bei seiner letzten Anwesenheit in der
Provinz anläßlich eines Manövers kein Huldigungstelegramm gesandt zu haben, ermutigt Heßling, ein politisches Bekenntnis abzugeben, das im
Widerspruch zu seiner anfänglichen Selbstein-

Heßlings politi-
sches Bekenntnis

schätzung steht: „Die Vorfrucht der Sozialdemokratie ist der Liberalismus. ... In dieser harten Zeit

haben wir Ordnung nötiger als je, und darum brauchen wir ein festes Regiment, wie unser herrlicher junger Kaiser es führt. Ich erkläre, daß ich in allem fest zu Seiner Majestät stehe." (95/116) Beeindruckt vernehmen Jadassohn und der Bürgermeister noch den Hinweis, der Kaiser sei „die persönlichste Persönlichkeit, von erfreulicher Impulsivität und ein höchst origineller Denker" (95/117).

Jadassohn versichert Heßling, daß es auch in Netzig kaisertreue Deutsche gebe und daß die Stellung, die die Familie Buck einnehme, keineswegs mehr so glänzend sei, „die Söhne verbauert und verbummelt, ein Schwiegersohn, der Sozialist ist" (95/117). Als der Bürgermeister dann noch die Neuigkeit mitteilt, „daß der Bruder des Herrn Buck pleite ist" (ebd), herrscht frohe Genugtuung. Im Hinblick auf die in anderthalb Jahren bevorstehenden Neuwahlen zum Reichstag schlägt Heßling vor, daß man sich schon jetzt „als das engere Wahlkomitee" (96/117) betrachten sollte. Jadassohn weist darauf hin, daß es notwendig sei, mit dem Regierungspräsidenten Wulckow Kontakt aufzunehmen. Beim Abschied flüstert der Bürgermeister Heßling vertraulich zu, daß er selbstverständlich nichts unternehme, worin er sich „nicht einig weiß mit den Körperschaften, an deren Spitze zu stehen" (96/118) er die Ehre habe. Auf dem Rückweg beunruhigt es Heßling, sich politisch so eindeutig festgelegt zu haben, und er kehrt um, um dem Bürgermeister flüsternd zu versichern, er sei „ein durchaus liberaler Mann" (97/119).

Heßling – ein durchaus liberaler Mann

Jadassohn belächelt Heßlings Angst und erklärt, daß sich niemand mit dem „Stadtoberhaupt kompromittiert", weil er instinktiv „mit den stärksten Bataillonen" (ebd) sei. Auf Heßlings erneute Versicherung, daß er liberal sei, fragt Jadassohn, ob er Neuteutone sei und ob er seinen alten Freund Wiebel kenne.

Die gemeinsame Bekanntschaft vereint beide noch stärker, und sie gehen zusammen in den Ratskeller. Es stellt sich heraus, daß auch Jadassohn im Februar die Krawalle in Berlin miterlebt und wie Heßling „damals die Macht verehren gelernt hatte" (98/120). Als Jadassohn sich gegen „Philister,

Jadassohns deutsche Gesinnung

23

Nörgler und Juden" ausspricht und den ‚herrlichen jungen Kaiser' „die persönlichste Persönlichkeit, von erfreulicher Impulsivität" nennt, ist Heßling befriedigt und sagt sich, „daß die deutsche Gesinnung nicht notwendig von der Größe der Ohren abhänge" (98/120 f.). Noch einmal lenkt er das Gespräch auf sein Treffen mit dem alten Buck, bezeichnet diesen als „Intrigant(en)" und verwahrt sich gegen die Annahme, „sein Freund (zu sein) ... und seine infamen Majestätsbeleidigungen gebilligt" (99/122) zu haben. Im gleichen Augenblick jedoch fällt ihm das Angebot des alten Buck ein, ihm Schutz gegenüber der Baukommission zu gewähren.

Pastor Zillich

Jadassohn nimmt Heßling mit zu seinem Korpsbruder, dem Pastor Zillich, der sich über den geringen Kirchenbesuch und über die freigeistigen Bestrebungen seines Schwagers Heuteufel beklagt.

Käthchen Zillich

Hinter seinem Rücken nähert Heßling sich der Tochter des Pastors, Käthchen, in sehr aufdringlicher Weise und kitzelt sie mit seinem Kaiserbart, was diese mit der Bemerkung quittiert: „So mit dem Bart kitzeln tut keiner in Netzig." (101/125) Um bei einem Dämmerschoppen „die Lage der christlichen Kirche in Netzig einmal näher ... zu erörtern" (101/124), verlassen Zillich, Jadassohn und Heßling das Haus. Unvermittelt trifft Heßling in der Stadt Guste Daimchen, die ihn „schnippisch" lächelnd grüßt. Ihm fällt auf, daß sie Käthchen ähnelt, auch Käthchen ist „weißblond" und hat eine „kleine, frech eingedrückte Nase" (102/125), so ist es eigentlich gleich, „ob die oder die" (ebd). Als ihm dann allerdings die Ohrfeige einfällt, die Guste ihm im Zug verabreicht hat, und er überdies feststellt, daß Guste „von hinten außerordentlich rund" ist und wackelt, da steht sein Entschluß fest: „Die oder keine!" (ebd)

Netzigs Stätten der Sittenlosigkeit

Auf dem weiteren Weg durch die Stadt wird Heßling mit den verworfenen Orten Netzigs bekanntgemacht: im Schatten der Kirche steht ein gewisses Haus, Klein-Berlin, das sich aber wenigstens im dunklen Winkel verbirgt, während der „Tempel der Sittenlosigkeit", wo „Söhne und Töchter ... mit

Das Theater

dem Ärmel an Buhldirnen" (103/126) streifen, auf

24

offenem Platz steht: das Stadttheater, das in der letzten Saison Stücke gespielt hat, in denen „vier uneheliche Kinder vorgekommen seien" (103/127). Den eigentlichen Abgrund von Netzig aber stellt die Freimaurerloge dar. Vor dem Haus der Loge treffen die drei auf den Arzt Dr. Heuteufel, den Fabrikanten Lauer, den Landgerichtsrat Fritzsche und den jüdischen Warenhausbesitzer Cohn, die zwar mit „tiefgezogenen" Hüten gegrüßt werden, über die man sich dennoch abfällig äußert, zumal auch „Seine Majestät ... (den freimaurerischen Unfug) mißbilligt" (ebd). Die Gefahr, die von diesem Haus ausgeht, wird nach Jadassohns Ansicht nur dadurch gemildert, daß das Gebäude des Regierungspräsidenten Wulckow und das Bezirkskommando mit einem Wachposten ihm gegenüber liegen.

Die Freimaurerloge

Während Zillich und Heßling über die Gründung eines christlichen Arbeitervereins sprechen und alle die „tiefe Frömmigkeit des Monarchen" bewundern, fällt ein Schuß. Vor Heßlings „innerem Auge (erscheint) blitzschnell das knochige Gesicht Napoleon Fischers" (105/129), und er ist überzeugt, daß nun der Umsturz erfolge. Es stellt sich heraus, daß der Posten vor dem Bezirkskommando einen Arbeiter erschossen hat. Wulckow erscheint an einem Fenster des Regierungsgebäudes, verbittet sich den Lärm und lobt den Wachposten: „Du hast deine Pflicht getan. Er hat dich gereizt. Für deine Tapferkeit wird Seine Majestät dich belohnen." (106/130) Der Tote ist jener Arbeiter, den Heßling „wegen öffentlich begangener unsittlicher Handlungen" am Morgen entlassen hatte.

Der Tod des Arbeiters

Als der Fabrikbesitzer Lauer es für unangebracht hält, „im Augenblick, wo jemand mit behördlicher Billigung totgeschossen worden sei, über sittliche Gesetze zu debattieren" (108/132), schaltet sich Jadassohn vehement ein und macht Lauer darauf aufmerksam, daß ein ähnlicher Fall „von maßgebender Stelle als korrekt und tapfer bezeichnet und durch Auszeichnungen und Gnadenbeweise belohnt worden" (108/133) sei. Drohend warnt Jadassohn Lauer, „vor einer Kritik der Allerhöchsten Handlungen" (ebd). Als Heuteufel vermittelnd zur

Unterschiedliche Beurteilung der Tat

25

Verständigung aufruft, sagt Heßling „mit einer Stimme, die erschauerte: ‚Das Volk muß die Macht fühlen. Das Gefühl der kaiserlichen Macht ist mit einem Menschenleben nicht zu teuer bezahlt!'" (109/134) Gegenüber Zillich ergänzt er diese Ansicht: „Für mich ... hat der Vorgang etwas direkt Großartiges, sozusagen Majestätisches. Daß da einer, der frech wird, einfach abgeschossen werden kann, ohne Urteil, auf offener Straße! Bedenken Sie: mitten in unserem bürgerlichen Stumpfsinn kommt so was – Heroisches vor! Da sieht man doch, was Macht heißt!" (109/134)

Spaltung in zwei Lager

Im Ratskeller fordert Heuteufel, noch immer um Ausgleich bemüht, Heßling auf, sich zu ihm und seinen Freunden zu setzen, schließlich seien sie „alle liberale Männer" (110/135). Heßling lehnt diese Einladung ab, da es für ihn nur zwei Parteien gebe, „die Seine Majestät selbst gekennzeichnet haben: die für ihn und die gegen ihn". Jadassohn, Pastor Zillich und Heßling nehmen an einem leeren Tisch Platz.

Den ersten Erfolg scheinen die drei zu verzeichnen, als sich der Landgerichtsrat Fritzsche vom Freundeskreis um Heuteufel verabschiedet, an ihren Tisch tritt und jedem von ihnen zum Abschied die Hand reicht. Jadassohn bemerkt: „Er hat die Unhaltbarkeit seiner Lage noch rechtzeitig erkannt." (110/136)

Durch die Bemerkung des Pastors, daß Heuteufel „intrigant" sei und am nächsten Tag möglicherweise „Gott weiß welche Greuel" (ebd) erzählen werde, wird Heßling schlagartig bewußt, daß Heuteufel ihn in der Hand hat. Er war es, der seinerzeit „in einem höhnischen Brief das Krankheitsattest verweigert" (ebd) hatte, er weiß also um seine Drückebergerei beim Militär. Heßling befürchtet sogar, daß der Arzt seine Feigheit aus der Schulzeit preisgeben könnte.

Am Nebentisch, bei den Logenbrüdern, wird der Tod des Arbeiters erregt diskutiert, und der sozial engagierte Fabrikbesitzer Lauer fragt in die Runde, was „die herrschende Kaste vor anderen Leuten eigentlich noch voraus habe" (111/136), um dann die rhetorische Frage selbst zu beantworten:

„Nicht einmal die Rasse, ... denn sie sind ja alle verjudet, die Fürstenhäuser einbegriffen." (111/137)

Diese Bemerkung scheint Heßling angetan, „wuchtig" einzuschreiten. Inquisitorisch befragt er Lauer, ob er damit deutsche Fürstenhäuser meine und „auch das eine..., das (er) ... nicht erst zu nennen brauche?" (ebd) Als Lauer dies bestätigt, weicht Heßling mit gespieltem Entsetzen zurück. Jadassohn, der bei dieser Auseinandersetzung abwesend war, läßt sich von Heßling informieren und macht sich Notizen.

Als der aus dem aktiven Dienst entlassene Major Kunze eintrifft und sich anschickt, „zu den Vertretern des Umsturzes zu stoßen" (112/138), gibt Jadassohn die Bemerkung Lauers wieder. Der Major entschließt sich, seinem alten Stammtisch fern zu bleiben, und mit düsterer Miene nimmt er an Heßlings Tisch Platz. Der Nachbartisch leert sich fast schlagartig, nur Heuteufel und Lauer bleiben vor ihren Biergläsern sitzen, während Heßling die dritte Flasche Sekt bestellt und lautstark eröffnet, daß er „wegen der vorhin gefallenen Äußerungen eine Anzeige gegen den Herrn Lauer bei der Staatsanwaltschaft erstatten werde" (113/139).

Der Major kündigt an, sich dafür einzusetzen, daß man Heßling in den Kriegerverein aufnehmen werde, Jadassohn allerdings warnt Heßling insgeheim, daß der Major „ein schlapper Hund (sei) und ... vor dem alten Buck" (113/140) krieche. Um dem Major zu imponieren, erfindet Heßling „formelle Verabredungen" mit dem Regierungspräsidenten Wulckow im Hinblick auf die kommenden Reichstagswahlen.

Das Gespräch wird immer lauter und zusammenhangloser, betrunken überbietet man sich mit Floskeln und Parolen. Längst haben auch Heuteufel und Lauer das Lokal verlassen, als aus dem hinteren Winkel des Lokals „ein kleiner Greis mit flatternden weißen Haaren" (115/141) tritt, der Gymnasialprofessor Kühnchen. „Prahlerisch kreischend" (115/141) beteiligt er sich am Gespräch und gibt seine erfundenen Erlebnisse der Schlacht von Sedan zum besten, die er „jeden Sedang ... in ädlen Worten" (116/143) auch seinen Schülern erzählt.

Lauers verhäng-
nisvoller Satz

Major Kunze

Heßlings Drohung

Gymnasialprofes-
sor Kühnchen

Redakteur Noth-groschen

Schließlich stößt noch der Redakteur der ‚Netziger Zeitung', Nothgroschen, zu der angetrunkenen Gesellschaft. Heßling, der ein untrügliches Gespür für Schwäche hat, kanzelt Nothgroschen überheblich ab, als dieser sich als Redakteur vorstellt, „also Hungerkandidat, ... verkommene Gymnasiasten, Abiturientenproletariat, Gefahr für uns!" (ebd) Großspurig schenkt er ihm dennoch Sekt ein und erfährt, daß ein Brief des Kaisers, in dem er sich „zum positiven Christentum" bekennt, am folgenden Tag in der ‚Netziger Zeitung' veröffentlicht werde. „Zum Äußersten entschlossen" (118/145) klammert sich Heßling an den Tisch, stemmt sich von seinem Stuhl hoch und befragt die Anwesenden drohend nach ihrer Meinung zum Kaiser. Die Antworten, der Kaiser sei eine „Persönlichkeit ... Impulsiv ... Vielseitig ... Origineller Denker" (ebd)

Der Kaiser – „ein Werkzeug Gottes"

vermögen ihn noch nicht zufriedenzustellen. Er verlangt, darüber abzustimmen, daß der Kaiser wie Hammurabi „auch ein Werkzeug Gottes" (ebd) sei. Die „einmütige begeisterte Annahme" des Antrags gipfelt nun in einem Huldigungstelegramm, das man gemeinsam verfassen und dem Kaiser übermitteln will.

Das Telegramm an den Kaiser

Heßling gibt das Telegramm auf; und während es bearbeitet wird, nimmt er die „steinern(e)" Haltung des Kaisers ein, er „blitzt" und fühlt den kaiserlichen „Helm auf seinem Kopf... und den Säbel an seiner Seite" (120/148). Der Untertan scheint mit dem Herrscher eins geworden zu sein und fühlt sich „sehr stark" (120/148). In dem Gefühl, der Macht nahe zu sein, fälscht Heßling ein Telegramm, das er sogleich an den Redakteur Nothgroschen zur Veröffentlichung weitergibt. Dieses gefälschte Telegramm – angeblich vom Kaiser persönlich an den Regierungspräsidenten gerichtet – belobigt den Posten, der den Arbeiter erschossen hat, und befördert ihn zum Gefreiten. In Mimik, Gestik und im Sprachstil des Telegramms ist Heßling zur Übereinstimmung mit seinem Vorbild gelangt: „seine steinerne Haltung, (der) Schnurrbart, der ihm in die Augen stach, und die Augen, die blitzten. ‚Jetzt glaubte ich fast –', stammelte Nothgroschen. ‚Sie haben so viel Ähnlichkeit mit – mit –'" (121/149)

Heßlings gefälschtes Telegramm

4. Kapitel

Dem glanzvollen Abend, an dem Heßling betrunken eine Situation nationaler Erhabenheit durchlebt hat, folgt der Katzenjammer des nächsten Tages. Mittags wird ihm die Rechnung von 150 Mark für den Sekt präsentiert, seine Schwestern verlangen „ihr monatliches Toilettengeld" (123/150), das Heßling ihnen nicht zahlen kann, und machen ihm Vorwürfe wegen seiner Verschwendung.

Im Kontor setzt Heßling einen Brief an eine Maschinenfabrik auf, um einen „neuen Patent-Doppel-Holländer, System Maier" (124/151) zu bestellen. Auf die Frage des Buchhalters Sötbier, wie die Maschine zu finanzieren sei, wischt Heßling diese mit dem Hinweis „auf baldige Ausdehnung des Geschäfts" (ebd) vom Tisch.

Der neue „Holländer"

Anschließend begibt er sich zu Doktor Heuteufel, dem er anbietet, die „beiderseitigen Beziehungen festzulegen" und „im Sinne eines wohlverstandenen Liberalismus zu wirken, falls man dagegen seine streng nationale und kaisertreue Überzeugung achte" (126/153). Tatsächlich aber will er den Brief zurückerhalten, den er seinerzeit geschrieben hatte, um nicht dienen zu müssen, denn Heuteufel könnte ihn mit Hilfe dieses Briefes als Feigling hinstellen. Als sich herausstellt, daß Heuteufel dieses Schreiben nicht mehr besitzt, trumpft Heßling auf und droht Heuteufel. Ruhig konstatiert dieser, daß Heßling wieder heiser sei. In Heßling taucht die alte Angst vor dem Auspinseln des Halses auf. Kleinlaut fragt er, ob er Krebs kriegen könne. Als Heuteufel ihn tatsächlich behandelt, rollt er „angstvoll die Augen und (umklammert) den Arm des Arztes" (127/155). Heßling benimmt sich, wie Heuteufel bemerkt, noch wie früher.

Heßlings Besuch bei Heuteufel

Suche nach dem belastenden Brief

Vor der Praxis trifft er auf Jadassohn, dem er vorlügt, er habe Heuteufel aufgesucht, um „eine befriedigende Erklärung ... für die gestrigen Äußerungen dieses Herrn Lauer" (128/156) zu erhalten. Als Jadassohn Heßling eröffnet, daß er gedenke, „Anklage wegen Majestätsbeleidigung" zu erheben, versucht Heßling einzulenken,

Jadassohns Plan gegen Lauer

29

"eine politische Gesinnung (sei) ... keine Schande!" (129/157)

Heßlings Vorbehalte

Feindselig betrachtet Heßling Jadassohn und glaubt, daß „dieser jüdische Streber ... ihn schamlos aus(beute)" (129/158). Jadassohn spricht abschließend noch die Gerüchte an, die über das Telegramm an den Regierungspräsidenten umgehen. Man bezweifle die Echtheit und warte „das Dementi aus Berlin ab" (130/159). Entschieden weist Heßling darauf hin, daß „der Stil Seiner Majestät ... unverkennbar" (ebd) sei. Jadassohn und Heßling trennen sich reserviert.

Zwar überlegt Heßling, ob die Konfrontation mit Jadassohn richtig gewesen sei, doch nimmt er an, daß Jadassohn ihn im Prozeß gegen Lauer brauche. Zu Hause überfliegt Heßling den Berliner „Lokal-Anzeiger" und findet zu seiner Überraschung sein gefälschtes Telegramm abgedruckt, „Kein Dementi: eine Bestätigung!" (131/161) Der Kaiser hatte „Diederichs Worte zu den seinen" (ebd) gemacht, Heßling hatte „richtig vorausempfunden, was der Kaiser sagen würde" (131/160).

Heßlings Werbung um Guste

Dieser Erfolg verleiht ihm neues Selbstbewußtsein, und er entschließt sich, Guste Daimchen zu umwerben. Gustes Mutter, „in einem braunen Seidenkleid mit lauter Schleifen, ... die Hände ... rot und geschwollen wie die einer Waschfrau ... auf ihrem Bauch (gebreitet), so daß der Gast die neuen Ringe immer vor Augen hatte" (132/161), empfängt Heßling mißtrauisch und bezweifelt dessen Standesgemäßheit. Verräterisch äußert sie: „Ich kenne das, wenn man so tun muß, als ob man was hat, und hat nichts." (132/162) Guste befreit Heßling aus der peinlichen Situation; ihr Gespräch nimmt allerdings auch nicht den gewünschten Verlauf, da

Heßlings Kritik an Gustes Verlobten

Heßling übermütig Kritik an Wolfgang Buck übt: „Der philosophiert und nörgelt, und im übrigen soll er sich ziemlich viel amüsieren." (133/163) Heßlings Versuch, die Verstimmung zu verringern, scheitert. Seinen Ratschlag an Guste, „in keine Familie (zu) heiraten, mit der es bergab geht" (134/163), kontert Guste mit der Bemerkung: „Wer mein Geld kriegt, mit dem geht es überhaupt nicht bergab." (134/164)

Heßlings Kleinmut kehrt zurück, und er spürt, als er Guste verläßt, wieder das „Gefühl seiner Kleinheit" (ebd). Jadassohns Information, daß Gustes Erbschaft mit fünfzigtausend Mark doch eher bescheiden ausgefallen sei, führt zu einem triumphierenden Umschwung Heßlings, und er beschließt, Käthchen Zillich vorzuziehen, die sich zudem „durch Gemüt und entgegenkommendes Wesen" (134/164) empfiehlt.

Der Prozeß gegen Lauer bringt für Heßling nur Unannehmlichkeiten mit sich. Ein Ermittlungsrichter vernimmt die Zeugen des nächtlichen Vorfalls, und die Stimmung ist umgeschlagen, nur Käthchen Zillich steht noch auf Heßlings Seite. Cohn und Fritzsche sowie der Bruder des alten Buck meiden Heßling; Major Kunze stellt sich, als er Heßling zufällig im Ratskeller trifft, schützend vor Lauer, „der ... in Frankreich mit (war) und ... in unserem Kriegerverein" (135/166) ist. Der Major entlarvt schließlich noch die militärische Laufbahn Heßlings und erklärt: „Wer nicht gedient hat, den gehen die Majestätsbeleidigungen anderer Leute den Teufel an." Zum Schluß bezeichnet er Heßling als „Denunziant(en)" (136/166f.).

Die Ermittlungen gegen Lauer

Abkehr von Heßling

Denunziationsvorwurf

Heßling, allein an seinem Tisch im Ratskeller, kann diesen Umschwung nicht begreifen und fühlt sich völlig unverstanden, „seine Absichten waren rein gewesen, nur die Tücke seiner Feinde verdunkelte sie" (136/167).

Der Landgerichtsrat Dr. Fritzsche, der den Fall als Untersuchungsrichter leitet, setzt sich, nachdem er sich vergewissert hat, daß Heßling ganz allein ist, zu ihm. Er eröffnet ihm, daß er als Hauptzeuge aussagen müsse. Heßling versucht, den Fall herunterzuspielen, es sei „doch überhaupt nur ein Scherz" (137/168) gewesen, und schiebt die Schuld an der Entwicklung Jadassohn zu. Dieser habe „den halb unzurechnungsfähigen Zustand der Anwesenden mißbraucht" (ebd). Zufrieden erklärt Fritzsche, diese Aussagen brauche Heßling ja nur vor Gericht zu machen, um den Vorfall in das richtige Licht zu stellen. Unvorsichtig eröffnet Fritzsche Heßling, daß er eigentlich den Fall, da er mit dem „Lauerschen Hause eng befreundet" (138/169) sei, abge-

Heßlings Einlenken

ben müsse, doch damit würden „gewisse Gerüchte ausdrücklich (bestätigt)" (ebd). Diese Gerüchte beziehen sich auf seine intime Freundschaft mit der Frau des Angeklagten Lauer.

Die öffentliche Meinung nimmt weiterhin Partei für Lauer, zumal dieser durch die Beteiligung seiner Arbeiter am Unternehmensgewinn in der Öffentlichkeit einen günstigen Eindruck hinterläßt.

Geschäftliche Einbußen durch den Prozeß

Die Geschäfte Heßlings hingegen leiden unter dem Prozeß. Aufträge werden an andere Firmen vergeben, gegen Weihnachten muß Heßling ein Drittel seiner Arbeiter entlassen.

Predigt gegen Heßling

Selbst Pastor Zillich stellt sich in einer sonntäglichen Predigt über den Text: „Liebet eure Feinde" (140/171) gegen Heßling. Die Predigt endet mit dem auf Heßling gemünzten Satz: „Wer aber spricht Rache, der ist des Gerichts!" (ebd)

Das unharmonische Weihnachtsfest

Das Weihnachtsfest verläuft unharmonisch, die Geschwister reden nach einem vorausgegangenen Streit nicht miteinander. Heßling fühlt sich „vernachlässigt, unverstanden und verfolgt" (141/172) und gefällt sich in Selbstmitleid. Wie ein Kind ißt er „Marzipan von seinem Teller und (träumt) in die Lichter des Weihnachtsbaumes", (141/172 f.) um zu dem Schluß zu kommen, daß er „gewiß ein guter Mensch sei" und „nicht in diese harte Zeit" (141/172) passe. Mit Tränen in den Augen geht er in das dunkle Nebenzimmer und spielt auf dem Klavier „aus Volksliedern, Beethoven und dem Kommersbuch" (141/173) alles durcheinander, bis ihm „wohlig dumpf im Kopf ward" (ebd).

Finanzielle Sorgen

Die Festtage sind „verdüstert" durch seine Sorge um die Finanzierung des neuen Holländers. Die sechstausend Mark sind nicht vorhanden, und voller Unverständnis registriert er, daß hier „ein schäbiger Widerstand von Menschen und Dingen" (142/174) ihn an der Entfaltung seiner Geschäfte hindert.

Heßling bereitet sich insgeheim auf eine mögliche Katastrophe vor. Er behandelt seinen Buchhalter wieder zuvorkommend, denn „vielleicht konnte der Alte noch einmal helfen" (142/174), und demütig bittet er Pastor Zillich, der Gemeinde mitzuteilen, daß die Predigt nicht ihm gegolten habe. Als ihn die Eltern mit Käthchen allein lassen, ist er „in seiner Niedergeschlagenheit so dankbar, daß er sich fast erklärt hätte" (142/174). Während Käthchens Jawort schon „auf ihren lieben, dicken Lippen" (ebd) wartet, verkneift Heßling sich aus geschäftlichen Überlegungen das Jawort gerade noch, weil der unbezahlte Holländer gleich „ein Viertel der Mitgift (würde) verschlungen haben" (ebd).

Verzweifelt sucht er nach Begründungen, die neue Maschine abzulehnen; schließlich bleibt ihm nur noch ein Trick, bei dem er allerdings die Hilfe Napoleon Fischers benötigt. Da die Firma bei der Auslieferung der neuen Maschine keinen Monteur mitgeschickt hat, bekommt Napoleon Fischer den Auftrag, gegen Entgelt die neue Maschine aufzustellen. Gleichzeitig äußert Heßling kritisch, daß er „von dem Holländer ... enttäuscht" sei, daß „die Messerwalze ... doch viel breiter sein" sollte, daß er schließlich fürchte, daß „der Stoff ... liegen" bleibe (143/175). Napoleon Fischer hat seinen unausgesprochenen Auftrag verstanden, und „schon tags darauf ... (teilt) Napoleon Fischer seinem Arbeitgeber mit, daß die neue Erwerbung nichts tauge" (143/176). Er ist sogar bereit, zu bezeugen, daß „der Holländer die bei Bestellung vereinbarten Bedingungen nicht erfüllt" (144/176). Heßling verlangt daraufhin von der Lieferfirma die Rücknahme der Maschine und droht mit einer Klage.

„Enttäuschung" über die neue Maschine

Geheimes Einverständnis zwischen Heßling und Fischer

Um die Beanstandungen zu überprüfen, schickt die Lieferfirma ihren Prokuristen Kienast, der von Heßling zunächst zum zweiten Frühstück eingeladen wird. Als Heßling bemerkt, daß Kienast seine Schwester Magda anziehend findet, preist er das harmonische Familienleben, um Kienast zu ködern.

Der Prokurist Kienast

Im geschäftlichen Bereich gibt sich Kienast anfangs unnachgiebig und kritisch. Er taxiert Heßlings Betrieb und stellt fest, daß die Fabrik eng und altmodisch und die Geschäftslage schlecht sei, denn nirgends liege fertige Ware.

Sehr schnell findet Kienast auch den Fehler, der die Leistung der Maschine verringert hat: ein verstopftes Ventil. Seine Bemerkung, was man sonst noch mit dem Holländer angestellt habe, könne er

Kienast durchschaut Heßling

33

in der Eile nicht herausfinden, läßt erkennen, daß er den wahren Sachverhalt durchschaut hat. Jetzt verkörpert Kienast „die Macht" (147/180), und „wenn er sich rasiert und den Schnurrbart bis zu den Augenwinkeln hinaufgebunden haben würde, er hätte Ähnlichkeit mit Diederich bekommen" (ebd). Das Ansinnen, die Maschine zurückzunehmen, weist Kienast rundweg ab, Frau Heßlings Einladung zum Abendessen hingegen nimmt er an und begleitet Magda bei einem Spaziergang.

Bemühungen um Kienast

Beim gemeinsamen Abendessen streicht Kienast die Vorzüge seiner Firma heraus, prahlt mit seiner Stellung, seinen Machtbefugnissen und seinem Besitz. Heßling seinerseits rühmt die Vorzüge familiären Friedens und stellt seine Familie als harmonischen Kontrast zu dem „Klüngel unserer sogenannten Gesellschaft" (151/185) dar. Allerdings kann er das Bild einer harmonischen Familie nur dadurch aufrecht erhalten, daß er Emmi einen Stoß versetzt. Heßling führt das Gespräch auf die Heirat der Schwestern und erklärt, daß „die Fabrik ihnen (mitgehöre), ganz abgesehen von der baren Mitgift" (ebd). Mit besorgter Miene nimmt Kienast dann die Bemerkung Heßlings auf, daß es wünschenswert sei, wenn einer der „künftigen Schwäger auch noch sein Kapital in den Betrieb stecken" (ebd) wolle. Er sieht sein Kapital verloren gehen, denn schließlich hat er die schlechte Geschäftslage zuvor selbst erkannt. Magda lenkt von diesem heiklen Thema ab, indem sie Kienast nach seiner Familie befragt und das Gespräch an sich zieht. Auf Zeichen seiner Mutter, die sich gleichfalls diskret zurückzieht, begibt sich Heßling ins Nebenzimmer, um dort lautstark Burschenlieder zu singen, bis das Geräusch eines umfallenden Stuhles ihm signalisiert, daß Kienast „ernste Absichten zu haben" (152/186) scheint. Kienast erklärt umgehend, daß er gewillt sei, sich zu verloben. Als Emmi ihm, von Heßling herbeigezwungen, zur Verlobung gratuliert, gerät Kienast allerdings in Zweifel, ob er die richtige Wahl getroffen hat: „Sie war größer als Magda, ihr Gesicht, das jetzt Farbe hatte, sah voller aus in dem offenen Haar, das lang und stark war." (152/187)

Kienasts Verlobung mit Magda

Am nächsten Vormittag verhandelt Heßling mit Kienast beim Frühschoppen um die Mitgift. Während Kienast fünfzigtausend Mark verlangt, dafür auf den Anteil am Geschäft verzichten will, ist Heßling nur zur Zahlung von fünfunddreißigtausend Mark und einem Achtel des Reingewinns bereit. Kienast äußert seine Zweifel, ob er Heßlings Schwester ‚dafür übernehmen‘ könne. Glücklicherweise hat Magda sich verführerisch herausgeputzt, und „bei der Mehlspeise hatte sie Kienast wieder so sehr erwärmt, daß er die Hochzeit in vier Wochen wünschte" (153/189). Dies bekräftigt er, indem er „die Ringe aus der Tasche" zieht.

In der Hoffnung, von vielen in ihrem neuen Glück gesehen zu werden, machen die Verlobten mit Heßling einen Spaziergang durch die Stadt. Unglücklicherweise begegnen sie zuerst Napoleon Fischer, der Heßling grüßt, als wisse er Bescheid. Jetzt erscheint es Heßling als „schwerer Fehler (sich) ... mit dem hinterhältigen Proleten auf Vertraulichkeiten eingelassen" (154/189) zu haben, und ihm wird „für seine Mitwisserschaft ... bei zwanzig Grad Kälte heiß und feucht" (ebd).

Überraschend trifft man unterwegs Guste Daimchen und ihre Mutter. Heßling kann im vertraulichen Gespräch mit Guste einige anzügliche Bemerkungen über ihren Verlobten nicht unterdrücken, aber Guste reagiert dieses Mal überraschenderweise ohne Feindseligkeit.

Schließlich trifft man noch Gustes Verlobten, Wolfgang Buck. Dieser knüpft an das ‚anregende‘ Gespräch an, das er in Berlin mit Heßling geführt hat, und erklärt, daß der Kaiser ihm „wahrhaftig nicht unsympathischer" (156/192) sei als er sich selbst. Buck bemüht sich, Heßling seine Meinung über das Lebensgefühl der Zeit mitzuteilen und äußert, „worauf es für jeden persönlich ankommt, ist nicht, daß wir in der Welt wirklich viel verändern, sondern daß wir uns ein Lebensgefühl schaffen, als täten wir es" (ebd). Doch Heßling vermag Buck geistig kaum zu folgen und antwortet mit Floskeln und inhaltsleeren Phrasen: „Ich stelle fest, daß ich in der Sache durchaus auf seiten Seiner Majestät stehe." (156/191) Gerade dieses Floskelhafte und

Verhandlungen über die Mitgift

Vertrauliches Gespräch mit Guste

Wolfgang Bucks Ansichten

35

die geistige Leere sieht Buck als das zentrale Problem der Zeit:

> „Das ist die übliche Wendung, wie er selbst sie vorgeschrieben hat. Worte laßt ihr euch von ihm vorschreiben, und die Gesinnung war nie so gut geregelt, wie sie es jetzt wird. Aber Taten? Unsere Zeit, bester Zeitgenosse, ist nicht tatbereit. Um seine Erlebensfähigkeit zu üben, muß man vor allem leben, und die Tat ist so lebensgefährlich. ... Übrigens sind wir zu entschuldigen. Für den auf der Bühne Agierenden ist alle Aktion erledigt, denn er hat sie durchgefühlt. Was will die Wirklichkeit noch von ihm?" (157/193)

Der Schauspieler als Repräsentant der Zeit

Folgerichtig nennt Buck den Schauspieler „den repräsentativen Typus dieser Zeit" (ebd). Damit meint Buck zunächst Heßling, dann aber auch diejenigen, die ihre Identität zugunsten theatralischer Gestik verleugnen, bis hinauf zum Kaiser, der „am erstauntesten (wäre), ... wenn der Krieg, den er immerfort an die Wand malt, oder die Revolution, die er sich hundertmal vorgespielt hat, einmal wirklich ausbräche" (ebd).

Abschließend teilt Buck Heßling mit, daß er als Rechtsanwalt zugelassen sei und die Aufgabe übernommen habe, seinen Schwager Lauer zu verteidigen. In Heßling steigt Furcht auf, die er erst überwindet, als er sich moralisch empören kann, weil Buck ihm gesteht, in Berlin ein zweites Liebesverhältnis zu haben, und ihn ermuntert, sich ein wenig um Guste zu kümmern.

Der Prozeß gegen Lauer

Vor Beginn des Prozesses gegen Lauer hat Heßling sich zwar vorgenommen, dem Gericht durch sein Auftreten zu beweisen, wie wenig diese Angelegenheit ihn berühre, doch schon der erste Blick in den Gerichtssaal und der „ungemein drohende Anblick" von Jadassohn bewirken, daß ihm übel wird. Sein Inneres zieht sich zusammen „unter dem Gefühl eines schaudererregenden Abgrundes, wie er sich auftat zwischen Jadassohn, der hier die Macht vertrat, und ihm selbst, der sich zu nahe ihrem Räderwerk gewagt hatte" (161/198). Heßling beschließt „sich (zu) ducken und ganz klein (zu) machen" (ebd). So steht er versteckt auf dem Korridor und beobachtet die Netziger Gesellschaft, die sich vor dem Gerichtssaal versammelt. Während der Angeklagte Lauer von allen bestärkt wird, schlägt Heßling nur „die allgemeine Mißbilligung" (163/201) entgegen.

In seinen ersten Aussagen, die häufig von Gelächter des Publikums begleitet werden, spielt Heßling die Situation herunter, die zu dem Prozeß geführt hat. Der verängstigte Pastor Zillich muß zugeben, die beanstandete Äußerung gehört zu haben. Lauers Verteidiger Wolfgang Buck nutzt das Verhör, um Heßling bloßzustellen. Er unterstellt Zillich, ein Interesse daran zu haben, „sich mit dem Hauptbelastungszeugen ... gut zu stellen" (166/204), weil Heßling mit Käthchen befreundet sei.

Heßlings erste Aussage

Weitere Vernehmungen

Zillich

Major Kunze lehnt im Verhör zunächst ab, etwas „mit dem ganzen Geserres ... zu tun" (167/205) zu haben. Als ihm jedoch von Jadassohn die Frage gestellt wird, ob er vom Angeklagten hundert Mark geliehen habe, schwenkt der Major um und erklärt, „die Entrüstung der Nationalgesinnten über Lauers Äußerungen sei echt gewesen, auch seine eigene. Zweifellos habe der Angeklagte Seine Majestät gemeint" (167/206).

Kunze

Als Buck den Antrag stellt, „den Herausgeber des Gothaischen Almanachs ... als Sachverständigen zu vernehmen, welche deutsche Fürsten jüdisches Blut haben" (168/206) führt er eine erste Wende des Prozesses herbei. Die Stimmung schlägt um, nicht zuletzt weil Regierungspräsident Wulckow seinen dröhnenden Baß einsetzt und empört in den Saal ruft.

Bucks gefährlicher Antrag

Der Redakteur Nothgroschen ist der erste, der den Umschwung wahrnimmt und bei seinen Aussagen „glatt wie ein Aussagebeamter" (168/207) funktioniert.

Die Wende

Der Untersuchungsrichter Dr. Fritzsche bescheinigt dem Hauptbelastungszeugen Heßling Zuverlässigkeit und spricht allerdings auch dem Angeklagten „einen eher günstigen Eindruck...., trotz der vielen belastenden Momente" (169/208), zu. Zwar habe der Angeklagte sich aufgrund seiner Bildung gehütet, beleidigende Worte zu verwenden, doch habe er sich zugleich „offenbar für ein-

37

sichtsvoller und zur Kritik berechtigter als die meisten andern Menschen" (169/209) gefühlt, so daß seine Bemerkung „die beleidigende Absicht

Belastende Aussagen

hindurchschimmern ließ" (ebd). Während Lauer und seine anfangs so zuversichtliche Frau erkennen, daß die Situation sich mit Fritzsches Aussage schlagartig verschlechtert hat, fühlt Heßling sich zunehmend wohler. Er stellt fest, daß die „engen und besonderen Beziehungen (Fritzsches) zum Hause Lauer ... keineswegs vermocht (haben), ihn der Aufgabe zu entfremden, die ihm oblag, dem Schutz der Macht" (170/210).

Die Entlastungszeugen: Cohn

Als erster Entlastungszeuge wird Cohn vernommen, jedoch sogleich durch Jadassohn in ein ungünstiges Licht gesetzt. Als Cohn dies moniert, erhält er eine Ordnungsstrafe und ist ‚erledigt', ohne zur Sache vernommen worden zu sein.

Buck

Dem zweiten Zeugen, dem Bruder Bucks, unterstellt Jadassohn „Abhängigkeit von seinen Verwandten, besonders aber von seinem Schwager, dem Angeklagten" (171/211), weil er „ein notorisch schlechtgehendes Geschäft" (ebd) habe.

Heuteufel

Den dritten Zeugen, den Arzt Dr. Heuteufel, diffamiert Jadassohn, bevor es zur Vereidigung kommt, als „vaterlandslosen Gesellen" (172/212), der die „Verbreitung des krassesten Atheismus" (ebd) betreibe. Bucks Einwand, „die religiösen Überzeugungen des Herrn Staatsanwalts seien offenbar von mönchischer Strenge, es könne ihm nicht zugemutet werden, daß er einen Nichtchristen für glaubwürdig halte" (ebd), wird vom Gericht auf Antrag Jadassohns mit einer Ordnungsstrafe von achtzig Mark geahndet. Als Jadassohn Dr. Heuteufel unterstellt, daß „er ... in einem gewissen Hause verkehrt, das im Volksmund Klein-Berlin heißt" (173/213), ist der Hauptentlastungszeuge vernichtet. Seine Bemerkung, dort den Staatsanwalt getroffen zu haben, trägt auch ihm eine Ordnungsstrafe ein.

Wolfgang Buck muß erkennen, daß „die Sympathien, die ihn hereinbegleitet hatten, zersprengt und abgestumpft" (173/214) sind, und er versucht, zu „retten, was zu retten war" (ebd), indem er die Vernehmung des Bürgermeisters Dr. Scheffelweis

38

beantragt, der „dem Gericht die bürgerlichen Verdienste des Angeklagten bezeugen" (174/214) werde.

Zwar äußert sich Scheffelweis lobend über die Gesinnung des Angeklagten, schränkt aber mit dem nächsten Satz seine Aussage bereits wieder ein. In gleicher Weise zollt er den sozialen Reformen Lauers seine Anerkennung, um im gleichen Atemzug kritisch anzumerken, daß diese Reformen „die Ansprüche der Arbeiter ins Ungemessene steigerten und so den Umsturz vielleicht doch zu befördern geeignet waren" (174/215).

Scheffelweis

Zum Abschluß der Vernehmungen wird Heßling noch einmal aufgerufen, weil er seine Aussage zu ergänzen wünscht. „Mit einem Schwung in den Sätzen, der einem den Atem nahm, ... verschärft und erweitert" (175/216) Heßling nun seine Aussagen. Er gibt zu, Lauer „herausgefordert" zu haben, um ihn zu „packen". Wolfgang Buck folgt der Aussage Heßlings „gespannt, sachkundig und die Augen voll eines feindlichen Entzückens" (176/216), denn er erkennt, daß Heßling seine Chance zum „Auftritt von bombensicherer Wirkung" (ebd) nutzt.

Heßlings verschärfte Aussage

Heßling hält eine Volksrede mit der Kampfansage gegen „veraltete Anschauungen einer spießbürgerlichen Demokratie und Humanität, die den vaterlandslosen Feinden der göttlichen Weltordnung den Weg ebneten" (176/217). Sie gipfelt in dem Aufruf, auch in Netzig „eine forsche nationale Gesinnung, einen großzügigen Imperialismus" (ebd) zu vertreten. „Hingerissen von der edlen Gesinnung, ... berauscht durch seine Wirkung" (174/217f.) beendet Heßling seine Rede. Nach der Sitzung beglückwünschen ihn Kühnchen, Zillich, Nothgroschen und Major Kunze, jedoch der ‚prüfende und traurige' Blick des alten Buck veranlaßt Heßling, – trotz seines Triumphes – dem alten Buck nachdenklich nachzusehen.

Heßlings Kampfansage gegen demokratische Gedanken

Den krönenden Abschluß des Vormittags bildet für Heßling das Lob des Regierungspräsidenten.

Wulckows Lob

Zur nachmittäglichen Urteilsverkündung nimmt Heßling seine Schwestern mit, während Wolfgang Buck die Schauspieler des Stadttheaters zu seinem

Plädoyer eingeladen hat. Ansonsten fehlen im Publikum alle Bucks und die Logenbrüder, dafür ist „das minder gute Publikum vorgerückt bis in die vorderen Bänke" (178/220).

Jadassohns Plädoyer wirkt matt, hat Heßlings Rede doch alles schon vorweggenommen.

Bucks Plädoyer – das Zentrum des Romans

Bucks Plädoyer, das als eine der zentralen Stellen des Romans zu sehen ist und das nicht zufällig genau die Mitte des Romans einnimmt, zielt zunächst auf Heßling und geißelt den neuen Typus des Untertans:

Die Demaskierung des neuen Typus

„Sie haben ihn (Heßling) gesehen! Ein Durchschnittsmensch mit gewöhnlichem Verstand, abhängig von Umgebung und Gelegenheit, mutlos, solange hier die Dinge schlecht für ihn standen, und von großem Selbstbewußtsein, sobald sie sich gewendet hatten.... Wie er ... waren zu jeder Zeit viele Tausende, die ihr Geschäft versahen und eine politische Meinung hatten. Was hinzukommt und ihn zu einem neuen Typus macht, ist einzig die Geste: das Prahlerische des Auftretens, die Kampfstimmung einer vorgeblichen Persönlichkeit, das Wirkenwollen um jeden Preis, wäre er auch von anderen zu zahlen. ... Und da es in Wirklichkeit und im Gesetz weder den Herrn noch den Untertan gibt, erhält das öffentliche Leben einen Anstrich schlechten Komödiantentums. Die Gesinnung trägt Kostüm, Reden fallen wie von Kreuzrittern, indes man Blech erzeugt oder Papier, und das Pappschwert wird gezogen für einen Begriff wie den der Majestät, den doch kein Mensch mehr, außer in Märchenbüchern, ernsthaft erlebt." (180 f./223)

Und in Anspielung auf seine These, daß der Schauspieler ‚den repräsentativen Typus dieser Zeit' darstelle, bezeichnet Buck den Kaiser als „einen großen Künstler" (182/224), den nicht „jeder mittelmäßige Zeitgenosse" (ebd) nachäffen dürfe, denn dann könne „das ästhetische Niveau ... (des) öffentlichen Lebens, das vom Auftreten Wilhelms des Zweiten eine so ruhmreiche Erhöhung erfahren hat, ... durch Kräfte wie den Zeugen Heßling nur verlieren" (182/225).

Bucks eindringliche Warnung vor dem Untertan

Buck warnt das Gericht vor der Möglichkeit, daß sich „über das Land ... ein neuer Typus verbreitet,

40

der in Härte und Unterdrückung nicht den traurigen Durchgang zu menschlicheren Zuständen sieht, sondern den Sinn des Lebens selbst" (183/225), und der zudem noch von dieser Einstellung geschäftlich profitiert.

Mit einem Appell an das Gericht, seine Verantwortung zu nutzen, und zu entscheiden, „ob künftig Männer wie der Angeklagte die Gefängnisse füllen und Wesen wie der Zeuge Heßling der herrschende Teil der Nation sein sollen" (183/226), schließt Buck vorläufig sein Plädoyer. Die Stimmung hat sich schlagartig zugunsten von Buck gewendet, selbst der Vorsitzende macht „eine betretene Miene" (ebd).

Bucks Appell an die Verantwortung des Gerichts

Doch dann läßt Wolfgang Buck sich zu der unvorsichtigen Aussage hinreißen, „die stille Tat eines Lauer tut mehr (für die wahrhaft nationale Gesinnung) als hundert hallende Monologe selbst eines gekrönten Künstlers" (183 f./227). Dieser Satz bewirkt einen jähen Stimmungsumschwung – beim Gericht wie beim Publikum.

Bucks verhängnisvoller Satz

Wegen Majestätsbeleidigung wird Lauer zu sechs Monaten Gefängnis und zum Verlust der öffentlichen Ämter verurteilt. Der Angeklagte wird sofort verhaftet. Lauers Frau verreist in den Süden; zu gleicher Zeit reist auch der Landgerichtsrat Fritzsche ab und sendet eine Karte aus Genua, was den Gerüchten um die Liaison der beiden neue Nahrung gibt.

Das Urteil

Heßlings Erfolg im Gerichtssaal zahlt sich nun auch geschäftlich und persönlich aus. Er erhält das Angebot, einen Teil des Papiers für die „Netziger Zeitung" zu liefern, und bekommt die Mitteilung, daß seiner Aufnahme in den Kriegerverein nichts mehr im Wege steht. Gerührt über diesen Erfolg hätte er „am liebsten gleich die beiden Hände des alten Soldaten (Kunze) ergriffen" (186/230). Als er jedoch erfährt, daß Wulckow die Aufnahme in die Wege geleitet hat, wird Heßling seine Bedeutung bewußt, und er bestellt Major Kunze und Professor Kühnchen zu sich, um ihnen jenen Text zu diktieren, mit dem er im Kriegerverein geehrt zu werden wünscht: „Darin ließ er sich bestätigen, daß er, mit glänzender Unerschrockenheit allen Verleumdun-

Heßlings Triumph

Aufnahme in den Kriegerverein

Die bestellte Grußadresse – Heßlings Eigenlob

gen trotzend, seine treudeutsche und kaisertreue Gesinnung bewährt habe." (186 f./230) Als diese Grußadresse bei der Aufnahme verlesen wird, bekennt Heßling sich scheinheilig „mit Tränen in der Stimme ... unwürdig, so viel Lob entgegenzunehmen. ... Alle, auch Kunze und Kühnchen, waren bewegt." (187/231)

Bucks Appell an das Gericht, es möge entscheiden ‚zwischen Komödie und Wahrheit‘, erfährt hier die Bestätigung, daß das Gericht sich für die ‚Komödie‘ entschieden hat.

Heßlings Rede

Der Schluß des Kapitels nimmt das Ende des 3. Kapitels auf. Mit einer militanten Rede führt Heßling sich im Kriegerverein ein und erfindet einen aggressiven Ausspruch des Kaisers vor dem Brandenburgischen Provinziallandtag: „Wenn die Kerls mir meine Soldaten nicht bewilligen, räum ich die ganze Bude aus!" (187/231) Der Verlust der eigenen Identität ist so weitgehend, daß Heßling „nicht mehr (hätte) sagen können, ob es von ihm selbst war oder nicht doch vom Kaiser. Schauer der Macht strömten aus dem Wort auf ihn ein, als wäre es echt gewesen ..." (ebd) Die Zeitung übernimmt Heßlings Ausspruch, und man wartet, wie zuvor bei dem gefälschten Telegramm, vergeblich auf ein Dementi.

5. Kapitel

Die neue Popularität Heßlings zahlt sich auch für seine Schwestern aus, sie werden von Frau von Wulckow zum Tee geladen und erhalten Rollen in einem Stück, das in der ‚Harmonie‘ aufgeführt werden soll. Großzügig gewährt Heßling seinen Schwestern unbegrenzten Kredit, um ihre Garderobe zu vervollständigen.

Guste besucht Heßlings Fabrik

Als Guste Heßling besucht, nutzt dieser die Gelegenheit, ihr zu imponieren. Er führt sie durch die Fabrik, sucht die Auseinandersetzung mit Napoleon Fischer und spielt sich gegenüber den Arbeitern und Arbeiterinnen auf.

Guste hinterbringt Heßling, daß Käthchen Zillich auch zu Jadassohn Beziehungen unterhält, Heßling revanchiert sich, indem er Wolfgang Bucks Vergleich wiederholt, Guste sei ein „Kochtopf ... worin (er) Wurst und Kohl am Feuer zu stehen habe" (159/196). In der folgenden Auseinandersetzung erfährt er, daß Guste weitaus mehr geerbt hat, als Jadassohn in Erfahrung gebracht hat, nämlich dreihundertfünfzigtausend Mark.

Der Rundgang

Bei ihrem Rundgang durch die Fabrik lassen sich die beiden an eben jener Stelle nieder, an der Heßling den Arbeiter mit seinem Mädchen ertappt hat.

Der Ort des Lasters

Als beide sich hier in die Augen schauen, bewegen sich darin „die gleichen abgründigen Schauder, des Lasters oder des Übersinnlichen" (193/237), und beide ,plumpsen' „auf die Säcke, ineinander verwickelt" (ebd). Trotz dieses ersten Erfolgs geht es nur langsam vorwärts mit Guste.

Auch Wulckow hält sich zurück. Dabei quillt Heßling über von „Hoffnungen, Aussichten, Plänen" (196/240), und unruhig durchstreift er die Kleinstadt. „Wie ein verbotenes Paradies" (196/241) umkreist er die große Papierfabrik in der Gausenfelder Straße, seine übermächtige Konkurrenz. Um nicht gesehen zu werden, kauert er sich in einen Graben, drückt „die Augen zu, aus Furcht, ... ihr begehrliches Funkeln hätte ihn verraten können" (ebd).

Der „Grüne Engel"

Sein Weg führt Heßling schließlich zum ,Grünen Engel', einem übel beleumundeten Lokal, wo er „von jäher Abenteuerlust gepackt" (197/242) einer Frau hinterherschleicht und in dieser zu seiner Überraschung Käthchen Zillich erkennt. Mit Ausflüchten versucht diese, ihre Anwesenheit zu erklären.

Begegnung mit Käthchen und Jadassohn

Als Jadassohn auftaucht, scheint sich der Verdacht, daß Käthchen eine Beziehung zu Jadassohn hat, zu bestätigen. In dieser Situation legt Käthchen ein Heßling unbekanntes Verhalten an den Tag, sie raucht, leert „mit einem Zug den Kognak, der vor Heßling stand" (198/243), tauscht mit Jadassohn Anzüglichkeiten aus und lacht, „ganz frei aus dem Herzen, wie Diederich es auch noch nicht kannte" (ebd).

Käthchens zweite Natur

Verwirrt bleibt er zurück, nachdem Käthchen sich von ihm mit „Adieu, Schaf!" verab-

43

schiedet hat. „Wie ein Blick ins Bodenlose" (199/245) erscheint ihm dies Erlebnis, „dies tückische Doppelwesen" hat ihm gezeigt, daß es „noch andere Welten außerhalb der bürgerlichen" (ebd) gibt.

Zu Hause verbietet er seinen Schwestern den Umgang mit Käthchen, denn sie sei eine „Verworfene" (199/245), gleichzeitig kann er sich von dem Erlebten nicht frei machen. Vor seinem inneren Auge verschmilzt Guste Daimchen mit ihrem dicken, rosigen Gesicht mit Käthchen, die ihm beim Abschied die Zunge herausgestreckt hatte und die Guste so ähnlich ist.

Emmi setzt sich als einzige für Käthchen ein und beruft sich darauf, daß „Mädchen ... ebensogut ... das Recht (haben), ... (ihre) Individualität auszuleben." Als „echter deutscher Mann" (201/246) verbittet Heßling sich derartige Äußerungen.

Das alte Gerücht

Frau Heßling läßt sich in dieser Situation hinreißen, ein altes Gerücht weiterzutragen, daß der alte Buck ein Verhältnis mit Frau Daimchen gehabt und ihr auch die Mitgift geschenkt habe. Damit aber sei der Gedanke, „daß Wolfgang Buck seine eigene Schwester heiratet" (201/248), nicht auszuschließen.

Heßling überlegt, wie er den Bucks Guste Daimchen mit ihrer Erbschaft abjagen könne. Er ist entschlossen, „vor starken Mitteln nicht zurückzuschrecken" (202/248). Doch dann wird ihm klar, daß „die ganze Stadt mit den Fingern auf Guste Daimchen" (ebd) zeigen würde, was zur Folge hätte, daß „kein Mann, der halbwegs Komment hatte, (ein solches Mädchen) heiratete" (ebd). Beim fünften Glas Bier schließlich besinnt er sich auf seine „Pflicht", „ein Verbrechen ... zu verhindern. Das Weib mochte dann sehen, wo es blieb im Kampf der Männer." (202/249)

Napoleon Fischer als williges Werkzeug Heßlings

Heßling setzt das Gerücht in die Welt und benutzt geschickt Napoleon Fischer als Werkzeug, um das Gerücht zu verbreiten, daß „jemand seinen Sohn ausgerechnet das Mädchen heiraten läßt, mit dessen Mutter er selbst was gehabt hat, und zwar vor der Geburt der Tochter" (204/251).

„Die heimliche Gräfin"

Am folgenden Tag wird das Theaterstück von Frau von Wulckow, „Die heimliche Gräfin", aufgeführt.

Da Heßling diesmal fest entschlossen ist, „nicht wieder zu früh zu kommen, wie beim Prozeß Lauer" (206/253), erscheint er mit seinen Schwestern zu spät. Während seine Schwestern sich für den zweiten Akt umziehen, muß Heßling der Aufführung vom Vorraum aus folgen, was ihm allerdings die Möglichkeit eröffnet, Frau von Wulckow Komplimente zu machen und ihr Theaterstück zu loben.

Eine Lehre für Heßling

Dem Theaterstück entnimmt Heßling unmittelbar Lehren für sein eigenes Verhalten. Als er beispielsweise sieht, daß der „Erbe des alten Grafen ... nicht gesonnen (war), die Hälfte seiner ihm von Gott verliehenen Besitztümer an die Nichte abzutreten" (209/257), weil er für das ganze Geschlecht arbeitet, ist Heßling hocherfreut: „Dieser aristokratische Gesichtspunkt kam auch ihm selbst zustatten, wenn er keine Neigung fühlte, Magda bei ihrer Verheiratung am Geschäft zu beteiligen." (ebd)

Der Skandal – Auswirkung des Gerüchts

In der Pause ist der Skandal um die Familie Buck das wichtigste Gesprächsthema, und selbst der freidenkende Doktor Heuteufel stellt sich auf die Seite der Kritiker des alten Buck.

Der alte Buck dagegen scheint von diesen Gerüchten völlig unberührt zu sein, ausgelassen und sorglos erklärt er einer Gruppe junger Mädchen die Malereien an den Wänden des Festhauses. Er bemerkt nicht, daß das Publikum ihn feindselig beobachtet, bis sich die Mütter resolut ihrer Töchter ‚bemächtigen‘, und der alte Buck allein zurückbleibt. Als Heßling sieht, wie verlegen der alte Buck in dieser plötzlichen Verlassenheit ist, fühlt er „im eigenen Herzen ... ein Sträuben gegen sein Unterfangen" (215/264); gilt sein Schlag doch „dem alten Herrn Buck, der ehrwürdigsten Figur aus (seinen) ... Kindertagen, dem großen Mann der Stadt" (215/264).

Heßlings Absicht: Vernichtung des alten Buck

Zugleich erfüllt es Heßling jedoch auch mit Genugtuung, daß seine Intrige „nicht mehr bloß die Familie, die bröckelte und an dem Alten als Last hing" (215/265) getroffen hat, sondern den alten Buck selbst: „Herunter mit ihm, damit Diederich hinaufkam!" (ebd)

Heßlings Warnung

In der Pause warnt Heßling Bürgermeister Scheffelweis, die Zeichen der Zeit nicht zu verkennen: „die schlappe demokratische Gesinnung hat abge-

45

wirtschaftet! Stramm national" (217/267) müsse man sein. Und als Heßling den Kaiser zitiert, „Wer nicht für mich ist, ist wider mich!" (ebd) wächst er vor Scheffelweis auf, zum „Bild der neuen Jugend, die wußte, was sie wollte" (ebd). Heßling genießt, „blitzend, gesträubt und blond gedunsen" (ebd) vor dem Bürgermeister stehend, „einen der Augenblicke, in denen er mehr bedeutete als sich selbst, und im Geiste eines Höheren handelte" (217/267).

Wulckow gesellt sich zu den beiden und wird von Heßling darauf aufmerksam gemacht, daß seine Hose offen steht. Anerkennend äußert der Regierungspräsident, „Sie sind wirklich sehr brauchbar, Doktorchen." (218/269)

Auch den zweiten Teil des Theaterstücks beobachten der Bürgermeister, Heßling, Wulckow und seine Frau aus dem Vorraum, zumal Wulckow mehr am Buffet interessiert ist als an dem „Klimbim" seiner Frau. Lautstark macht er Scheffelweis Vorwürfe, ihm, „der im Osten begütert ist" (220/270), durch den „städtischen Arbeitsnachweis" die Arbeiter fortzuziehen.

Theater als Spiegel der Wirklichkeit

Theaterwelt und Wirklichkeit sind in diesem Romanabschnitt ineinander verwoben. Während auf der Bühne das „Grafenkind" äußert, „für Geld mögen andere sich erniedrigen" (220/271), betont Wulckow, „dafür, daß es weniger Arbeitslose gibt, will ich nicht bluten. Mein Geld ist mein Geld." (221/272)

Heßling bringt das Gespräch auf die Neuwahl der Stadtverordneten, die notwendig wird, weil Lauer und Wolfgang Buck ausscheiden. Zwar gibt er vor, sich noch vorläufig zurückhalten zu wollen, da dies „für die nationale Sache besser" (ebd) sei, doch die wirkliche Absicht wird deutlich, als er drohend äußert: „Lassen Sie mich nur erst Stadtverordneter sein, Herr Bürgermeister!" (224/275)

Das Säuglingsheim

Weitere Absprachen betreffen das Testament des Richters Kühlemann, der Netzig wenigstens eine halbe Million vererbt. Während der Bürgermeister dies Geld für ein Säuglingsheim verwenden möchte, äußert Heßling verächtlich: „einen nationaleren Zweck können Sie sich wohl nicht denken?" (224/276)

In der zweiten Pause muß Heßling erkennen, daß der alte Buck wieder hofiert wird: „so groß war … Macht des Bestehenden, von alters her Anerkannten!" Auch Heßling möchte, nachdem er sich vergewissert hat, daß Wulckow gegangen ist, „nicht in auffälliger Weise hinter der Mehrheit zurückzubleiben" (228/281). Die nachsichtige Haltung des alten Buck rührt Heßling zu Tränen, und „ihm ward schwül unter so viel Milde – und so viel Nichtachtung" (229/281 f.). Als der alte Buck schließlich sogar noch zusagt, Heßling zu unterstützen, wenn er Stadtverordneter werden wolle, ist dieser so verwirrt, daß er nicht weiß, ob er „nun ausspucken oder sich verkriechen" (230/282) soll.

Der alte Buck sagt Heßling seine Unterstützung zu

In aufgeräumter, heiterer Stimmung deutet der alte Buck Heßling die Wandbemalung der „Harmonie" und schlägt Brücken zur Gegenwart: „Sieht der Geistliche nicht aus wie Pastor Zillich? Nein, unter uns kann es keine ernstliche Entfremdung geben, wir sind einander seit langem verpflichtet zum gutem Willen". (230/283) Tatsächlich scheint der alte Buck die wirklichen Gefahren der Gegenwart nicht zu erkennen.

Kichernd weist er Heßling noch auf die Ähnlichkeit des ‚grausamen Reitergenerals' mit Wulckow hin, um ihm dann eine gemalte Schäferszene und ein verstecktes Zimmer, das „Liebeskabinett", zu zeigen. Bucks Heiterkeit zerbricht schlagartig, als Landgerichtsrat Fritzsche, der seinen Urlaub beendet hat, auf ihn zutritt. Buck blickt „kühl und unverwandt auf den Mann, der seine Tochter entführt hatte" (232/285), bewahrt aber Haltung und gewinnt bei denen, die „von dort hinten seine Schwäche belauerten" (ebd) Sympathien. Sogar Heßling schämt sich für Fritzsche.

Fritzsches Rückkehr

Heßling wendet sich Käthchen Zillich zu und versucht, sie in Verlegenheit zu bringen, indem er sie nach dem „Grünen Engel" fragt, doch Käthchen antwortet schlagfertig, ob Heßling der „grüne Engel" sei und lacht ihm ins Gesicht. Als Heßling sich über die Ohren von Jadassohn belustigt, die man beim „nächsten Mal im ‚Grünen Engel' … grün" (233/286) anstreichen könne, straft Käthchen ihn

Käthchens Schlagfertigkeit

47

mit Verachtung und bezeichnet ihn erneut als „Schaf".

Heßling und Käthchen im Liebeskabinett

Das Verhalten von Käthchen hat Heßling erregt, und er nutzt Käthchens Neugier, um sie in das Liebeskabinett zu stoßen. Dort fällt er über sie her, und der „Kampf mit ihren entblößten Armen und Schultern" versetzt „ihn vollends außer sich" (233/ 287). Anfangs muß Käthchen lachen, aber als sie merkt, daß Heßling ihr offenkundig Gewalt antun will, verteidigt sie sich. Überraschend betritt Guste Daimchen den Raum, entgeistert betrachtet sie die Szene und bezeichnet Käthchen als „Luder". Heßling versucht die Situation als „Scherz" darzustellen, kann aber nicht verhindern, daß in der folgenden Auseinandersetzung Käthchen triumphierend das Gerücht preisgibt, Wolfgang Buck sei Gustes

Gustes neue Lage

„Halbbruder". Guste erkennt schlagartig, daß „ihre Lage sich wesentlich verändert hatte. Ihr Geld war nicht mehr Trumpf, es war entwertet, ein Mann wie Diederich war mehr wert." (235/290) Heßlings Lächeln erwidert sie nun „tief errötet" und bekommt „einen Blick wie eine Hündin" (ebd). Als Käthchen sich still entfernen will, stellt sie fest, daß der dritte Akt des Theaterstücks schon längst begonnen hat und sie noch eine Weile im „Liebeskabinett" bleiben müssen. Man überbrückt die Zeit mit Doppeldeutigkeiten und Anspielungen.

Der Vertraulichkeit im „Liebeskabinett" setzt Heßling beim anschließenden Ball Überheblichkeit in der Öffentlichkeit entgegen. Nachdem er sich hämisch über Jadassohns Ohren belustigt hat, schneidet er Guste, die neben Kühnchens Tochter sitzt und aussieht, „als habe sie Prügel bekommen", während er mit seiner Schwester tanzt.

Heßling kann es sich nicht verkneifen, auch Wolfgang Buck anzusprechen, der „in sein Notizbuch die Mütter (zeichnet), die um den Saal herum warteten" (ebd). Buck lädt Heßling zu einer Flasche

Wolfgang Buck analysiert Heßlings Rolle

Sekt ein und gesteht Heßling, daß ihn seinerzeit Heßlings „Rolle vor Gericht ... mehr interessiert (habe) als ... (seine) eigene" (ebd), daß er zu Hause sogar Heßlings Rolle nachgespielt habe. Heßling weist die Unterstellung zurück, eine Rolle gespielt zu haben, er habe seine Überzeugung vertreten. Als

48

Guste hinzutritt, bemerkt er, daß die beiden „eigentlich großartig zueinander" (240/296) passen.
Dies veranlaßt Heßling zu einer Bemerkung, die
ihn selbst erstaunt: „„Eigentlich – sooft ich mich
von Ihrem Herrn Bräutigam trenne, hab ich Wut
auf ihn; beim nächsten Wiedersehen aber freu ich
mich.'" (240/296)

Als Guste Wolfgang Buck das Gerücht weitergibt,
das sie soeben erfahren hat, und ihm Vorwürfe
macht, sie nicht hinreichend zu verteidigen, bricht
es unvermutet aus Buck heraus: „Wenn ich den
einen am Kragen hätte, von dem ich wüßte, er zet-
telt alles an, er faßt in seiner Person zusammen,
was an allen häßlich und schlecht ist: ihn am Kragen hätte, der das Gesamtbild wäre alles Un-
menschlichen, alles Untermenschlichen –" (242/
297). Während Heßling „panikartig" zurück-
weicht, gibt Buck mit heiterem Zwinkern zu erkennen, daß er Komödie gespielt hat, „damit ihr seht,
wir können auch das" (242/298).

Bucks Komödie

Trotz der Komödie hat Buck Heßling als „Gegenpol" erkannt, und er setzt Heßlings Ansicht, „die
nationale Tat (habe) die Zukunft" (243/299), entgegen: „Taten, glücklicherweise, sind euch nicht erlaubt!" (244/301)

**Buck erkennt Heß-
ling als Gegenpol**

Als Heßling mit aggressiven Zitaten von Aussprü-
chen des Kaisers antwortet, fällt Buck betrunken
in Heßlings kriegerische Parolen ein. Das Gespräch
mündet in ein lautstarkes ‚Duett' militanter und
nationalistischer Parolen und endet in betrunke-
nem Gestammel. Auf Buck gestützt verläßt Heßling
die ‚tanzende, gaffende Menge'. Am nächsten Morgen sieht Heßling sich genötigt, sich bei den Damen
zu entschuldigen, die seinen Auftritt miterlebt hatten.

Um ein politisches Mandat im Stadtrat zu erhalten,
läßt Heßling sich auf ein vertrauliches Gespräch mit
Napoleon Fischer ein. Auch Fischer beabsichtigt,
Stadtverordneter zu werden und erklärt Heßling,
„den einen von den beiden Sitzen hat meine Partei
bombensicher. Den anderen kriegen wahrschein-
lich die Freisinnigen. Wenn Sie die rausschmeißen
wollen, brauchen Sie uns." (247/304) Heßling
und Fischer sind sich einig in der Ablehnung

**Heßlings Abspra-
chen mit Fischer**

49

Fischers Forderung: Unterstützung beim Bau des Gewerkschaftshauses

der ‚bürgerlichen Demokratie', allerdings verlangt Fischer als Gegenleistung für seine Hilfe, daß Heßling als Stadtverordneter den Bau eines Gewerkschaftshauses unterstützt. Obgleich Heßling aufbegehrt, dies könne „von einem nationalen Mann" (247/305) nicht verlangt werden, unterschreibt er schließlich die Zusicherung, sich als Stadtverordneter für das Gewerkschaftshaus einzusetzen. Als Heßling glaubt, damit Fischer zufriedengestellt zu haben und das Gespräch recht unfreundlich beenden will, erinnert Fischer ihn daran, daß sie „schon mehr Dreck zusammen verscharrt" (248/305) hätten und bittet um Unterstützung bei der Presse.

Da Heßling befürchtet, daß Napoleon Fischer auspacken könnte, gibt er auch hier nach und sucht den alten Buck auf. Dafür, daß er sich Bucks „biedermännisches und schöngeistiges Gerede mit Ergebenheit" (248/306) anhört, wird er als Kandidat der freisinnigen Partei aufgestellt, und ein zustimmender Artikel über „Heßling als Mensch, Bürger und Politiker" (ebd) erscheint in der „Netziger Zeitung". Ein Angriff auf den sozialdemokratischen Kandidaten in der gleichen Zeitung stärkt Napoleons Position innerhalb seiner eigenen Partei. Bei der Stadtverordnetenwahl retten die Stimmen der Sozialdemokraten Heßling, der von seiner eigenen Partei nur die Hälfte der Stimmen erhält. Schon in der ersten Sitzung, in der es um die Kanalisation der Gegend um den „Grünen Engel" geht, macht Heßling auf sich aufmerksam, indem er sich mit den Kaiserzitaten, „Deutschtum heißt Kultur" und „Die Schweinerei muß ein Ende nehmen" (249/307), gegen die „finanztechnischen Bedenken des Magistratsvertreters" (ebd) und für die Kanalisation ausspricht. Unter dem Gelächter der Sozialdemokraten beendet Heßling seine Rede mit ‚Hurra-Rufen'. Während die Netziger Zeitungen Heßlings Auftreten unterschiedlich kommentieren, erhält Heßling durch den Berliner „Lokal-Anzeiger" Lob wegen seines Eintretens für den Kaiser.

Heßling als Kandidat der freisinnigen Partei

Wahl zum Stadtverordneten

Geheime Absprachen

Nach einem geheimen Treffen mit den Sozialdemokraten Napoleon und Rille in der Bierstube von Klappsch, bei dem es zur Unterzeichnung eines geheimen Papiers kommt, begleitet Heßling am

Nachmittag desselben Tages seine Schwestern, die bei Frau von Wulckow eingeladen sind. Erstaunt bemerkt er, daß seine Schwester Emmi sich gewandt und offensichtlich sehr vertraut mit einem Leutnant von Brietzen unterhält und sogar Ausritte auf dem Gut ihrer Tante erfindet. Und einmal mehr stellt Heßling fest, daß „ein Mädchen, wenn man es nicht sah", „unberechenbare Wege" (251/310) gehen mochte.

Besuch bei v. Wulckows

Während im Musikzimmer eine Sängerin auftritt, teilt Frau von Wulckow Heßling mit, daß ihr Mann ihn erwarte. Allerdings gelangt Heßling erst in das Zimmer, nachdem Wulckows Hund die Tür geöffnet hat. Selbst als Heßling den Regierungspräsidenten begrüßt, nimmt dieser ihn nicht wahr, sondern fragt seinen Hund, „nanu, quatscht du auch schon?" (252/311) Die anfängliche „Verachtung" des Hundes geht „in Feindseligkeit" über, und mit einem grotesken Tanz versucht Heßling, seine Hose zu retten, bis der Hund das Spiel beendet. Noch immer schenkt ihm der Regierungspräsident keine Aufmerksamkeit, obgleich Heßling glaubt, das Schmunzeln des Regierungspräsidenten gesehen zu haben. Voller Wut erfaßt er seine wirkliche Situation, „diese Kommißköpfe und adeligen Puten hatten die ganze Zeit von ihren albernen Angelegenheiten geredet" (253/312), Wulckow war ein ‚ungebildeter Flegel', und haßerfüllt verflucht er die Nachmittagsgesellschaft: „Menschenschinder! Säbelraßler! Hochnäsiges Pack". (ebd) Ein anarchischer Gedanke bewältigt sich seiner, und er sieht

Wulckows zynisches Spiel

Heßlings anarchischer Ausbruch

> „alles niedergeworfen, zerstoben: die Herren des Staates, Heer, Beamtentum, alle Machtverbände und sie selbst, die Macht! Die Macht, die über uns hingeht und deren Hufe wir küssen! Gegen die wir nichts können, weil wir alle sie lieben! Die wir im Blut haben, weil wir die Unterwerfung darin haben! Ein Atom sind wir von ihr, ein verschwindendes Molekül von etwas, das sie ausgespuckt hat!" (ebd)

Heßlings Warten zahlt sich aus. Wulckow ist bereit, Heßling gegen die Konkurrenzfirma Klüsing in Gausenfeld zu unterstützen, wenn Heßling ihm ge-

Wulckows Zusage

gen den alten Buck hilft. Sogar die Kandidatur des Sozialdemokraten Fischer für den Reichstag findet die Unterstützung des Regierungspräsidenten, da Heßling seinerseits eine schriftliche Abmachung mit Fischer vorlegen kann, daß im Falle einer Wahl Fischers die Stadt Netzig ein „Kaiser-Wilhelm-Denkmal" anstelle des geplanten Säuglingsheims erhält. Als Heßling dann allerdings Wulckow, den er als Ehrenvorsitzenden des Kaiser-Wilhelm-Denkmal-Komitees wirbt, Grundstücksgeschäfte anträgt, hat er sich zu weit vorgewagt. Wulckow droht Heßling, ihn ins Zuchthaus zu bringen und beachtet ihn erst wieder, als dieser andeutet, daß der alte Buck dieses Grundstück für das freisinnige Säuglingsheim zu kaufen trachte. Wütend entgegnet der Regierungspräsident, Heßling solle erst sofort sein Grundstück verkaufen, bevor er weiter mit ihm rede, denn mit Spekulanten verhandle er nicht.

Heßlings Fehler

Fühlte Heßling sich gerade noch, als „werde er an der Wand zerquetscht" (259/321), so spielt er gegenüber seinen Schwestern, die auf ihn gewartet haben, den erfolgreichen Geschäftsmann und behauptet, die Unterredung mit dem Präsidenten sei für beide Teile zufriedenstellend verlaufen. Dennoch erfüllt Heßling Wulckows Auftrag, sein Haus zu verkaufen, mit Sorge, denn diesem Risiko stehen nur Wulckows Versprechungen entgegen.

Verkauf des Hauses als Bedingung

Bei einem sonntagabendlichen Spaziergang trifft Heßling Wolfgang Buck, der ihm eröffnet, daß er zum Theater gehe, dort werde „weniger Komödie gespielt, ... man (sei) ... ehrlicher bei der Sache" (260/321). Gleichzeitig kündigt er an, daß er sich von Guste trenne, da er „sie nicht länger kompromittieren" (ebd) könne. Als Heßling darauf hinweist, daß „ein anderer ... sie jetzt natürlich auch nicht mehr leicht" (ebd) nehme, entgegnet Wolfgang Buck ironisch mit Blick auf Heßling, „für einen wirklich modernen, großzügigen Mann ... müßte es eine besondere Genugtuung sein, ein Mädchen unter solchen Umständen zu sich hinaufzuziehen" (ebd), zumal dieser „Edelmut" durch Geld gemildert werde.

Buck kündigt seine Trennung von Guste an

Wolfgang Buck überredet Heßling, ihn zur letzten

52

Unterredung mit Guste zu begleiten, und fügt sarkastisch hinzu: „als Vertreter sozusagen des verhängnisvollen Gerüchtes." (261/322) Buck entzieht sich geschickt dieser Aussprache und überläßt es Heßling, Guste die neue Situation zu erklären. Ironisch wiederholt Heßling, daß Buck ihn selbst angestellt habe, um „seinen Kochtopf" umzurühren, und grob fügt er in Anspielung auf Gustes Geld hinzu: „Und wenn der Kochtopf nicht in braune Lappen eingewickelt gewesen wäre, hätte er (Buck) ihn schon längst überkochen lassen." (262/323) Gustes unterwürfige Haltung und ihre geschickte Selbstbezichtigung, „so eine wie ich verdient nicht mehr, daß ein wirklich feiner Mann mit ernsten Ansichten vom Leben sie noch nimmt" (263/324), regen Heßling an, in die Rolle zu schlüpfen, die Wolfgang Buck ihm zuvor angeboten hat. Schnaufend und „mit schneidender Betonung" sagt er: „Nehmen wir einmal an, ... jemand hat im Gegenteil die allerernstesten Ansichten vom Leben, und er empfindet modern und großzügig, und im vollen Gefühl der Verantwortlichkeit gegen sich selbst sowohl als gegen seine künftigen Kinder, wie gegen Kaiser und Vaterland übernimmt er den Schutz des wehrlosen Weibes und zieht es zu sich empor." (ebd) Mit „frommer" Miene und „flehend" geneigtem Kopf hört Guste zu; als sie bemerkt, daß ihre unterwürfige Haltung Heßling nicht genügt, weil er „offenbar etwas ganz Besonderes" (263/325) verlangt, fällt Guste plumpsend auf ihre Knie. Gnädig nimmt Heßling diese Huldigung an: „So soll es sein" sagt er und ‚blitzt' einmal mehr. Sofort wird das Geschäftliche mit der Mutter besprochen, Heßling verlangt volles Verfügungsrecht über die Mitgift, und Widerspruch ahndet er mit der Drohung, sofort zu gehen.

Den neuen Reichtum genießt Heßling in vollen Zügen, „die Tage entschwebten himmlisch leicht unter Einkäufen, Sektfrühstücken und den Brautvisiten" (264/326). Schließlich besucht das Brautpaar Wagners Oper „Lohengrin". Heßling fühlt sich bei den Sängern an seine Korpsbrüder und an Wulckow erinnert, ihm gefallen die „Schilde und Schwerter", „die kaisertreue Gesinnung, und

Heßlings Rolle als Beschützer des „wehrlosen Weibes"

Gustes Kniefall

Verlobung und Mitgift

„Lohengrin"

hochgehaltene Banner und die deutsche Eiche"
(266/328). Elsas „ausgesprochen germanischer
Typ, ihr wallendes blondes Haar, ihr gutrassiges
Benehmen" (266/329) begeistern Heßling. Enttäuscht muß er dann jedoch von Guste erfahren,
daß er der Scheinwelt des Theaters erlegen ist: Elsa
ist eine magere vierzigjährige Jüdin.

Elsas Kniefall

Doch sofort läßt Heßling sich wieder von der
Handlung und der Musik einfangen und folgt der
Oper mit ‚offenem' Mund und ‚dummseligen
Augen'. Immer wieder zieht er Vergleiche zur
Wirklichkeit: „Elsa wußte wohl, warum sie plumps
vor ihm (Lohengrin) auf die Knie fiel ... und da
kam der Held und Retter und machte sich aus der
ganzen Geschichte nichts und nahm einen doch!
‚So soll es sein!'" (267/329)

**Das Theater als
Waffe**

Am Ende stellt Heßling begeistert fest, daß „hier ...
in Text und Musik alle nationalen Forderungen erfüllt" (270/334) und „der kriegerische Unterbau
und die mystischen Spitzen ... gewahrt" (ebd)
seien. „Tausend Aufführungen einer solchen Oper,
und es gab niemand mehr, der nicht national war!"
(ebd) Ohne daß Heßling die Doppelbödigkeit seiner
Äußerung bewußt wird, stellt er fest: „Das Theater
ist auch eine meiner Waffen." (271/334)

**Verkauf des Hau-
ses – Karnauke
als Strohmann für
Wulckow**

Am Tag seiner Hochzeit sieht Heßling sich gezwungen, sein Grundstück zu einem geringen Preis zu
verkaufen. Der heruntergekommene Premierleutnant a. D. Karnauke tritt als Strohmann für von
Quitzin und Wulckow auf. Heßlings Buchhalter
Sötbier versucht, diesen Handel zu unterbinden,
aber Heßling geht ungerührt über Sötbiers Bedenken hinweg und empfiehlt ihm kaltherzig, unverzüglich sein Entlassungsgesuch einzureichen.
Heßling kann nicht verhindern, daß der Premierleutnant a. D. Karnauke an der Hochzeitsfeier teilnimmt. Abwesend und schweigend nimmt er das
Hochzeitsfrühstück ein, bis Karnauke ihn mit der
Verleihung des ‚Kronordens vierter Klasse' überrascht. „Eine Seligkeit, kaum zu ertragen" (275/
340) überkommt Heßling, denn dieser Orden, den
ihm Wulckow versprochen hatte, ist zugleich das
Zeichen, daß „die Macht ... Heßling den Pakt"
(275/341) hält. Nun weiß Heßling, daß auch die an-

**„Kronorden vier-
ter Klasse"**

deren Versprechen gehalten werden: „Das Denkmal Wilhelms des Großen und Gausenfeld, Geschäft und Ruhm!" (276/341)

In diesem Hochgefühl begibt sich Heßling mit Guste auf die Hochzeitsreise und schickt sich im Zug
zum ersten ehelichen Beischlaf an, doch zuvor
richtet er sich auf, „ordenbehangen, eisern und
blitzend" und sagt „abgehackt": „,Bevor wir zur
Sache selbst schreiten, ... gedenken wir Seiner Majestät unseres allergnädigsten Kaisers. Denn die
Sache hat den höheren Zweck, daß wir Seiner Majestät Ehre machen und tüchtig Soldaten liefern.'"
(276/341) Heßling ist so sehr seiner äußerlichen
und innerlichen Identität beraubt, daß Guste fragt:
„,Bist – du – das – Diederich?'"

**Heßlings Hoch-
zeitsreise**

6. Kapitel

Die Hochzeitsreise geht nach Zürich.

Allerdings verbringt das Ehepaar dort nur eine
Nacht, denn am nächsten Abend liest Heßling, daß
„der Kaiser unterwegs nach Rom sei zum Besuch
des Königs von Italien" (278/343). Unverzüglich
bricht er mit Guste auf, „um den feigen Welschen
mal klarzumachen, was Kaisertreue heißt" (ebd);
und in einer Art von nächtlichem Wettrennen fahren Kaiser und Untertan demselben Ziel entgegen.
Zu gleicher Zeit mit dem Kaiser kommt Heßling in
Rom an. Auf dem Bahnhofsvorplatz durchbricht er
die Polizeiabsperrung und „in entfesselter Begeisterung" huldigt er dem Kaiser. Einen Moment
lang sehen sie „einander an, Diederich und sein
Kaiser", und zum zweiten Mal sind sie für kurze
Zeit „in der Mitte des leeren Platzes und unter
einem knallblauen Himmel ganz miteinander allein, der Kaiser und sein Untertan" (279/344).

Heßling übernimmt nun die selbstgestellte Aufgabe, seinen Kaiser zu bewachen, ihm durch die
Stadt zu folgen und für öffentlichen Applaus zu
sorgen. Durch den Portier des Palastes erfährt Heßling jeweils frühzeitig, wohin der Kaiser fährt.

**Die Romreise des
Kaisers**

**Heßlings Wett-
fahrt mit dem
Kaiser**

**Der Kaiser und
sein Untertan**

**Heßlings selbstge-
stellte Aufgabe**

Heßlings italienischer Kutscher, den er sich besorgt hat, um dem Kaiser folgen zu können, empfindet allmählich „Bewunderung für das heldenhafte Pflichtgefühl des Deutschen" (281/347). Er versorgt ihn mit Wein und begibt sich mit Heßling gemeinsam in das „nächste Rennen" (ebd), denn wie im Märchen vom Hasen und Igel ist Heßling immer schon zur Stelle, wenn der Kaiser eintrifft. Lächelnd nimmt der Kaiser seinen Untertan wahr. Heßling hat sich zum nützlichen Untertan entwickelt, der helfen will, in einem fremden Land die Machtansprüche seines Kaisers zu befestigen: „Seine Majestät und ich, wir machen moralische Eroberungen" (ebd). In der Bevölkerung hinterläßt Heßlings Aktivität Wohlwollen, aber auch Heiterkeit; die Heiterkeit wird verständlich angesichts des Äußeren von Heßling: „rot wie eine Tomate, völlig aufgeweicht, und sein Blick ... hell und wild wie der eines germanischen Kriegers der Vorzeit auf einem Eroberungszug durch Welschland." (ebd)

Der Anschlag auf den Kaiser

Für kurze Zeit schlägt das ‚heitere Wohlwollen' in Bewunderung um, als man glaubt, Heßling habe einen Attentäter gestellt und einen Anschlag auf den Kaiser verhindert. Als sich jedoch herausstellt, daß die Bombe nur eine Büchse mit Zahnpulver ist und keinerlei terroristische Absicht bestanden hat, kehrt das ‚heitere Wohlwollen' in alle Gesichter zurück.

Die Zeitungs-meldung

Dieser Zwischenfall wird noch am gleichen Tag in der Zeitung gemeldet, und Heßlings selbsterteilter Auftrag erhält sozusagen seine höhere Bestätigung, denn er wird als ‚Beamter im persönlichen Dienst des Kaisers' bezeichnet. Überwältigt davon, daß sein Bild neben dem des Kaisers in der Zeitung zu sehen ist, betrinkt Heßling sich so, daß er in der Nacht „in einer Lache sitzend" (284/350) gefunden wird. „Der persönliche Beamte war gottlob nicht tot, denn er schnarchte; und die Lache, in der er saß, war kein Blut." (ebd)

Rückkehr aus Rom

Sofort nach der Rückkehr aus Rom nimmt Heßling heimlich Kontakt mit Wulckow und Napoleon Fischer auf und arrangiert eine Zusammenkunft von Kunze, Kühnchen und Zillich. Gegen das Versprechen, einen Orden zu erhalten, ist Major Kunze bereit, sich als Kandidat der nationalen Bewegung für die kommenden Reichstagswahlen aufstellen zu lassen. Geschickt lehnt Heßling den Antrag ab, zu kandidieren, denn er weiß, daß es ausschließlich darum geht, der Partei der Freisinnigen Stimmen zu entziehen und daß der nationale Kandidat „am Ende nur dazu da ... (ist), eine Hilfstruppe für Napoleon Fischer anzuwerben" (293/362). Den Vorsitz zum Wahlkomitee der neugegründeten „Partei des Kaisers" übernimmt Zillich, nachdem Heßling ihm Reparaturen an seiner Kirche zugesagt hat; Kühnchen schließlich erhält das Versprechen, Rektor des Gymnasiums zu werden. Zu aller Zufriedenheit hat man so „die politische Haltung auf der gesunden Grundlage der Interessen festgelegt" (289/357) und trinkt bis in den frühen Morgen. Guste, die ihren Mann mit Vorwürfen empfängt, wird über die veränderte Lage unterrichtet: „Mein Kaiser hat ans Schwert geschlagen, und wenn mein Kaiser ans Schwert schlägt, dann gibt es keine ehelichen Pflichten mehr." (290/359)

Statt also seinen ehelichen Pflichten nachzukommen, schreibt Heßling einen Aufruf gegen das Säuglingsheim, denn es fördere das Laster, weil es für uneheliche Kinder eingerichtet werde.

Die erste Wahlversammlung der „Partei des Kaisers" findet im Bierlokal von Klappsch statt. Unter Tannenkränzen und Parolen hält Major Kunze seine Kandidatenrede vor einem Publikum, das weitgehend durch das Versprechen herangeholt worden ist, am Denkmalbau beteiligt zu werden, hinzu kommen Mitglieder des Kriegervereins und einige freisinnige Bürger wie Heuteufel und Cohn. Kunzes Rede wird durch Zwischenrufe in eine völlig unbeabsichtigte Richtung gelenkt, bis er schließlich seine Rede mit „unvermittelter Wildheit" schließt: „Ausrotten bis auf den letzten Stumpf! Hurra!" (292/361) Um der Lächerlichkeit zu entgehen, läßt Heßling, der sich im Hintergrund halten will, seinen Korpsbruder Hornung gegen ein Entgelt die Rede Kunzes interpretieren. Hornung betont die antidemokratische Haltung der Partei, denn „die Demokratie ist die Weltanschauung der

Major Kunze als Kandidat der ‚nationalen Bewegung'

Das politische Intrigenspiel

Heßlings Aufruf gegen das Säuglingsheim

Die „Partei des Kaisers"

Halbgebildeten" (292/361), und schließt mit dem Aufruf, den Kandidaten zu wählen, „der dem Kaiser so viel Soldaten bewilligt, als er haben will" (293/362).

Nachdem Heuteufel für das Säuglingsheim plädiert und die Spekulationen im Umfeld des Denkmals kritisiert hat, fühlt Heßling sich genötigt, einzugreifen. Unter dem Applaus der „Lieferanten", des „Jünglingvereins" und der „christlichen Handlungsgehilfen" wiederholt Heßling seine bekannten Parolen gegen das Säuglingsheim und verteidigt das „Kaiser-Wilhelm-Denkmal". Heßlings Rede, die zeitweise im Lärm untergeht, gipfelt in den aggressiven Sätzen: „er wolle keinen ewigen Frieden, denn das ... (sei) ein Traum und nicht einmal ein schöner." (295/364)

Heßlings radikales Programm

Als Heßling schließlich noch verkündet, daß man auch den Umsturz ‚kastriere', wenn Heuteufel noch lange ‚nörgle', endet die Versammlung in bierseligem Tumult, und Heßling wird von Gesinnungsgenossen umjubelt. Zu seinem Schrecken stellt er fest, als er weitere patriotische Thesen herausschreien will, daß er völlig heiser ist. Wieder einmal muß Heuteufel Heßlings Hals pinseln, dann verbietet er ihm auszugehen. Dies trifft Heßling besonders, denn der Wahlkampf tritt in seine entscheidende Phase.

Zwangspause

Häuslicher Unfrieden

Die häusliche Situation hat sich verschlechtert, Guste wird launisch, und ihre Schwangerschaft kündigt sich mit Übelkeiten an, zudem ist sie neidisch auf ihre Schwägerin, die von der Familie von Brietzen eingeladen wird und offensichtlich mit dem Leutnant von Brietzen ein Verhältnis hat. Emmi dagegen ist zeitweise niedergeschlagen und schließt sich in ihrem Zimmer ein. Mit kernigen Sprüchen schafft Heßling den Konflikt der beiden Frauen aus der Welt, denn ihm drohen die politischen Verwicklungen über den Kopf zu wachsen.

Fischers Forderung

Napoleon Fischer beklagt die Hetze der „Partei des Kaisers" gegen die Sozialdemokraten und verlangt die Erfüllung der Abmachung, sich für ein sozialdemokratisches Gewerkschaftshaus einzusetzen. Zu seiner Überraschung muß Heßling in der Stadtratssitzung erkennen, daß Napoleon Fischer offensichtlich auch mit den Liberalen zusammenarbeitet, denn der Antrag für das Gewerkschaftshaus ist von Cohn und Genossen eingebracht und mit den Stimmen der Liberalen angenommen worden.

Wütend droht Heßling daraufhin Napoleon Fischer den Vertrag, den sie heimlich geschlossen haben, bekanntzumachen, aber Fischer bemerkt nur zynisch, sie seien doch „keine alten Seichbeutel, die immer gleich mit allem herausmüssen" (298/369), denn „wenn einer ... anfängt zu reden, wo hört dann der andere auf!" (ebd) Napoleon Fischer verunsichert Heßling vollständig, als er ihm mitteilt, daß der alte Buck Heßlings nationale Gesinnung vorwiegend auf dessen geschäftliche Interessen an der Fabrik in Gausenfeld zurückführe. Heßling fühlt sich durchschaut, und sein schlechtes Gewissen veranlaßt ihn, hinter allen Ereignissen der Vergangenheit den alten Buck zu vermuten, „den Erzfeind, ... der überall das Böse lenkte" (299/370). Dem alten Buck unterstellt Heßling seine eigene Skrupellosigkeit und sieht Bucks Wohltaten als Heuchelei. Haß und Angst bemächtigen sich Heßlings, und er glaubt, daß der alte Buck sogar seine innersten Wünsche und Handlungen durchschaut hat.

Heßlings Angst vor dem alten Buck

In dieser tiefen Verunsicherung erfährt er durch Andeutungen von Guste, daß Emmis Verhältnis zu dem Leutnant von Brietzen beendet ist und daß der Leutnant sich aus Netzig habe versetzen lassen. Als Heßling seiner Schwester nach einem Selbstmordversuch Vorhaltungen macht, nicht nur ihre „eigene Existenz ... in Frage gestellt, sondern eine ganze Familie mit Schande bedeckt" (302/374) zu haben, gibt diese zu erkennen, daß sie sein hohles Pathos durchschaut hat. Emmis Verzweiflung berührt Heßling zum ersten Mal seit langer Zeit wieder menschlich. Er erklärt sich bereit, Emmi zu helfen und mit dem Leutnant zu sprechen.

Das Ende von Emmis Beziehung

Während er in der Nacht überlegt, wie er auftreten könnte, überwältigt ihn die Erinnerung an Agnes und ihren Vater.

Heßlings menschliche Rührung

Tatsächlich wiederholt sich die damalige Szene bis in alle Einzelheiten. Auch der Leutnant packt gerade seinen Koffer, leugnet das Verhältnis aller-

Die Aussprache mit dem Leutnant von Brietzen

dings länger als Heßling, was dieser „innerlich" anerkennt, denn „wenn es auf die Ehre eines Mädchens" ankommt, hat „ein Leutnant immerhin noch um einige Grade genauer zu sein als ein Neuteutone" (304/376). Der Leutnant verwendet „die Ausreden, die in Diederichs Geist schon erklungen waren" (304/377), und dann fällt jener Satz, „den Diederich vor allem fürchtete und der, er sah es ein, nicht zu vermeiden war. Ein Mädchen, das ihre Ehre nicht mehr hatte, machte man nicht zur Mutter seiner Kinder!" (305/377) Sogar das Gespräch über ein Duell beendet Heßling mit ähnlichen Worten wie damals Göppel, „daß er so einem frechen Junker noch lange nicht das Recht einräume, einen bürgerlichen Mann und Familienvater nur so abzuschießen. ‚Die Schwester verführen und den Bruder abschießen, das möchten Sie wohl!'" (ebd) In seinem Zorn denkt Heßling sogar an „Umsturz", doch sehr schnell findet er sich wieder in seine Rolle: „Mit dem Umsturz war leicht drohen; aber das Kaiser-Wilhelm-Denkmal? Wulckow und Gausenfeld? Wer treten wollte, mußte sich treten lassen, das war das eherne Gesetz der Macht." (305 f./378) Als der Leutnant von Brietzen an ihm vorbeifährt, freut Heßling sich schon wieder, „trotz allem, des frischen und ritterlichen jungen Offiziers" (306/378). Dennoch berührt ihn Emmis Schicksal. Durch „ihr Unglück (ist sie) feiner und gewissermaßen ungreifbarer geworden" (306/379). Im Vergleich mit Emmi wirkt Guste gewöhnlich. Heßling überkommen Zweifel am Wert der Macht und Wert dessen, was er erreicht hat. Voller Sentimentalität erinnert er sich an Agnes: „Agnes, die Weichheit und Liebe in ihm gepflegt hatte, sie war in seinem Leben das Wahre gewesen, er hätte es festhalten sollen." (307/380)

Bekannte Argumente

Duellforderung

Das eherne Gesetz der Macht

Der Wahlsonntag

Resigniert läßt Heßling die politischen Angelegenheiten bis zum Morgen des Wahlsonntags treiben. Da jedoch sucht ihn Napoleon Fischer auf und droht, sollte er nicht gewählt werden, mit Streik in Netziger Betrieben.

Angesichts dieser Drohung versucht Heßling, verlorenes Terrain wiederzugewinnen, er muß erkennen, daß die „Partei des Kaisers durch Zulauf aus den Reihen des Freisinns" (308/381) verwässert ist. Zugleich muß Heßling erfahren, daß auch die Anhänger seiner Partei in der Zwischenzeit „korrumpiert" (308/382) sind. Major Kunze hofft nämlich, gewählt zu werden, „notfalls mit Hilfe der Freisinnigen" (ebd); dafür wäre er bereit, für das Säuglingsheim einzutreten. Heßling ist den ganzen Tag bemüht, Wähler herbeizuschleppen. Dabei arbeitet er bewußt und gezielt gegen die eigene Partei, weil diese Wähler „den schlimmsten Feinden des Kaisers" (309/382) helfen. Das Wahlergebnis stellt Heßling zufrieden, eine Stichwahl zwischen Napoleon Fischer und Heuteufel wird nötig, Kunze aber ist weit abgeschlagen. Den Ausschlag bei der Stichwahl werden die Stimmen der „Partei des Kaisers" geben. Die Partei der Freisinnigen um Heuteufel bemüht sich, diese Stimmen auf ihre Seite zu ziehen, indem sie erklärt, „die nationale Gesinnung sei nicht das Privileg einer Minderheit", „national sei auch sie" (309/383).

Heßlings Wahltaktik

Heßling will mit allen Mitteln verhindern, daß die Wähler seiner Partei den Freisinnigen bei der Stichwahl ihre Stimme liefern. Ein Brief seines Konkurrenten Klüsing, Besitzer der großen Gausenfelder Papierfabrik, verschafft Heßling überraschend die nötige Munition, um gegen die Freisinnigen vorzugehen. In diesem Brief bietet Klüsing Heßling seine Fabrik zum Kauf an und teilt ihm gleichzeitig in einem Nachsatz mit, daß zwei Mitglieder der freisinnigen Partei bei ihm gewesen seien und „das Vorkaufsrecht ... auf ein gewisses Terrain, für den Fall, daß das Säuglingsheim dorthin kommt" (315/390) verlangt hätten. Heßling erkennt, daß Klüsing seine ehemaligen Freunde nicht mehr mit Geld versieht und sie obendrein verrät. In der öffentlichen Volksversammlung, die vom freisinnigen Wahlkomitee veranstaltet wird, kommt es zur Konfrontation Heßlings mit dem alten Buck. Zur Mäßigung aufrufend faßt der alte Buck sein politisches Bekenntnis zusammen:

Klüsings verräterischer Brief

Das politische Bekenntnis des alten Buck

„Was sind hier Personen? Was selbst Klassen? Es geht um das Volk, dazu gehören alle, nur die Herren nicht. Wir müssen zusammenhalten, wir Bür-

ger dürfen nicht immer aufs neue den Fehler bege-
hen, der schon in meiner Jugend begangen wurde,
daß wir unser Heil den Bajonetten anvertrauen,
sobald auch die Arbeiter ihr Recht wollen. Daß wir
den Arbeitern niemals ihr Recht geben wollten,
das hat den Herren die Macht verschafft, auch uns
das unsere zu nehmen. ... Das Volk, wir alle haben
angesichts der uns abgeforderten Heeresvermeh-
rung die vielleicht letzte Gelegenheit, unsere Freiheit zu behaupten gegen Herren, die uns nur noch
rüsten, damit wir unfrei sind. Wer Knecht ist, soll
Knecht bleiben, das wird nicht nur euch Arbeitern
gesagt: das sagen die Herren, deren Macht wir immer teurer bezahlen sollen, uns allen!" (312/386)

Mit dieser kurzen Rede beeindruckt der alte Buck
die Versammlung und hat die Herzen auf seiner
Seite. Bevor Heßling zum Angriff übergeht, versichert er sich seiner Anhängerschaft im Saal, er erkennt „die Lieferanten des Kaiser-Wilhelm-Denk-

Heßlings Angriff
mals" um Hornung, die „christlichen Jünglinge"
bei Pastor Zillich und den „Kriegerverein ... um
Kunze geschart" (312/387). Wortfetzen und zusam-
menhanglose Sätze schreiend versucht er, die Ver-

Stimmung gegen
Heßling
sammlung auf seine Seite zu ziehen, doch die Stimmung richtet sich gegen ihn: man packt ihn, und
nur das Eingreifen des alten Buck bewahrt Heßling
davor, aus dem Saal geworfen zu werden. Kaum
kann Heßling sich wieder rühren, beschuldigt er
den alten Buck der Korruption. Erneut wendet sich
ein Teil der Versammlung gegen Heßling, auch jetzt
ist es wieder der alte Buck, der Heßling rettet: „Er
soll sprechen!" Zum ersten Mal jedoch verliert er
seine gelassene, freundlich liberale Haltung, bleich

Heßling – Verräter
an der Nation
vor Haß setzt er hinzu: „Auch Verräter haben das
Wort, bevor sie abgeurteilt werden. So sehen die
Verräter an der Nation aus." (313/388) Gleichzeitig
fordert er die Versammlung auf, Heßling zu fragen,
wem „er sein Haus verkauft hat, zu welchem
Zweck und mit welchem Nutzen" (314/389). In der
Versammlung wird der Verdacht laut, daß es Wulk-
kow gewesen sei. Heßling wird auf die Bühne gestoßen, um sich vor der Versammlung zu äußern.

Heßlings Intrigen-
spiel
Nach anfänglicher Schwäche überkommt ihn „ein
ungeheurer Mut...", und er maß kampfesfreudig

62

den Feind, jenen tückischen Alten, der nun endlich die Maske des väterlichen Gönners verloren hatte und seinen Haß bekannte" (314/389). Zunächst weist der den Vorwurf zurück, daß Wulckow sein Haus gekauft habe, und beschuldigt „einen gewissen Magistratsrat" (314/390), an ihn herangetreten zu sein, dann bezichtigt er zwei Mitglieder der freisinnigen Partei, das Vorkaufsrecht in Gausenfeld verlangt zu haben, „für den Fall, daß das Säuglingsheim dorthin kommt" (315/390). Diesen Trumpf hat ihm Klüsing verschafft, allerdings fehlen Heßling die Namen. Als Heßling sich gezwungen sieht, Namen zu nennen, faßt er „blitzend ... die Herren des Vorstandes ins Auge; einer schien zu erbleichen" (315/390). „,Der eine ist Herr Warenhausbesitzer Cohn!'" brüllt Heßling in die Menge. Als Cohn sich zu dem Vorwurf äußern soll, verhält er sich überaus ungeschickt und gesteht, daß er den Vorwurf „nicht geradezu dementieren" (316/391) möchte. Im anschließenden Tumult verläßt der alte Buck „den Platz des Vorsitzenden..., und abgekehrt von dem Volk, über das der letzte Schrei seines Gewissens vergebens hingegangen war" (316/391), weint er. Unterdessen nennt Heuteufel den zweiten Mann, der seinerzeit in Gausenfeld gewesen sei: Kühlemann, „aus dessen Nachlaß das Säuglingsheim gebaut werden soll" (316/392). Heuteufel weist darauf hin, daß es widersinnig sei, wenn Kühlemann seinen eigenen Nachlaß bestehle und versucht damit, Heßlings Vorwurf zu widerlegen. Leidenschaftlich wird in der Versammlung gefordert, daß Kühlemann Stellung beziehen solle. Heßling zeigt währenddessen Klüsings Brief herum und behauptet kaltblütig, daß nicht Kühlemanns, sondern Bucks Name darin genannt werde. In diesem entscheidenden Moment wird der Tod Kühlemanns bekannt, „im richtigen Moment", wie Heßling bemerkt. Zynisch stellt Pastor Zillich fest, daß „Gottes Finger ... sich wieder mal bewährt" (317/393) habe. Ironisch kommentiert der Erzähler, daß Heßling „bewußt (wird), daß dieser Finger doch nicht zu verachten war" (317/393).
Am Abend vor der Wahl hält die „Partei des Kaisers" eine Versammlung ab, in der Heßling fana-

Denunziation von Cohn

Heßlings Vorwurf gegen den alten Buck

Der Tod des Zeugen

Die Stichwahl

tisch die „demokratische Korruption" (317/393) geißelt. Zwar nennt er den Drahtzieher nicht, doch allen ist bewußt, wen er meint. Er ruft die Parteimitglieder auf, ihre Stimme den Freisinnigen zu verweigern. Am Morgen des Stichwahltages zitiert die sozialdemokratische ‚Volksstimme' Heßlings Ausfälle und nennt im Zusammenhang mit den Korruptionsvorwürfen den Namen des alten Buck.

Fischers Sieg

Das abgekartete Spiel zwischen Napoleon Fischer und Heßling führt zum Erfolg. Selbst bei den freisinnigen Wählern bröckelt die Gefolgschaft ab, teils aus Angst vor den Nationalen, teils aus opportunistischen Beweggründen. Die Entscheidung zugunsten Fischers fällt, als der Kriegerverein in Uniform durch die Stadt zum Wahllokal marschiert, ihm schließt sich ein Zug ‚patriotisch' gesinnter Bürger an. Die gemeinsame Parole lautet: „Wir wählen Fischer!" (319/395)

„Fortgefegt von der nationalen Woge" (319/395) erhält Heuteufel nur dreitausend Stimmen, während Napoleon Fischer mehr als fünftausend Stimmen auf sich vereinen kann und in den Reichstag einzieht.

Das ‚Kaiser-Wilhelm-Denkmal'

Wie insgeheim vereinbart, stimmen die Sozialdemokraten für das Kaiser-Wilhelm-Denkmal, Heßling wird der Vorsitz des „Kaiser-Wilhelm-Denkmal-Komitees" übertragen, und Wulckow wird Ehrenvorsitzender. Wegen der diffamierenden Äußerungen hat der alte Buck Klage gegen die ‚Volksstimme' eingereicht. Daß er nicht zugleich Klage gegen Heßling erhebt, dessen Äußerungen dem Artikel in der ‚Volksstimme' zugrunde liegen, führt zu dem Verdacht, daß der Vorwurf nicht jeder Grundlage entbehrt.

Das Geschäft mit den Gausenfeld Aktien

Klüsing verkauft seine Fabrik; Gausenfeld wird zu einer Aktiengesellschaft umgewandelt, deren Aktien Heßling „auf das wärmste" empfiehlt. Daß er sich an diesem Geschäft nicht beteiligt, begründet er mit geschäftlichen Verpflichtungen bei seinem Schwager in Eschweiler. Die Aktien sind sehr gefragt, und sogar der alte Buck möchte sich an dem Aktiengeschäft beteiligen. Da seine engsten Freunde ihn finanziell nicht mehr unterstützen, gibt Heßling – scheinbar großherzig – eine zweite Hy-

64

pothek auf sein Haus. „Er hat mir Mangel an Idealismus vorgeworfen, das durfte ich nicht auf mir sitzenlassen" (321 f./399) erklärt er scheinheilig seine finanzielle Hilfe.

Am Tag, an dem Napoleon Fischer nach Berlin fährt, um „die Militärvorlage abzulehnen" (323/399), begibt sich auch Heßling zum Bahnhof, um die in der ‚Volksstimme' angekündigte Großdemonstration mitzuerleben. Hier trifft er auf Jadassohn, der im Begriff ist, nach Paris zu fahren. Die anfangs unterkühlte Stimmung wird lockerer, als Heßling und Jadassohn auf Käthchen Zillich zu sprechen kommen. Jadassohn teilt Heßling vertraulich mit, daß Käthchen nach Berlin „durchgegangen" sei, um dort in der „bessere(n) Lebewelt" „Karriere" zu machen.

Die angekündigte Großdemonstration erweist sich als Geplänkel einer „Gruppe von Männern, in deren Mitte eine Standarte schwebte" (323/401) und der Polizei. Napoleon Fischers Ansprache wird durch die Polizei unterbunden, aber bevor er sich der Staatsgewalt widersetzen kann, fährt sein Zug ein. Heßling bemerkt zu seiner Überraschung, daß diesem Zug Judith Lauer entsteigt, die von ihrem Mann mit einem Blumenstrauß empfangen wird. Heßling wird klar, daß Lauer wieder frei ist. Moralisch empört ihn, daß beide das Verhältnis von Judith Lauer und Landgerichtsrat Fritzsche zu übergehen scheinen, „aber es gab Verhältnisse, von denen man sich als anständiger Mensch nichts träumen ließ" (324/402).

Heßling gewinnt in Netzig an Ansehen, denn „die anderen hatten angefangen, an ihn zu glauben" (324/402). Für ihn beginnt sich sein Intrigenspiel mit Wulckow nun voll auszuzahlen. Die Aktien von Gausenfeld fallen, da die Regierung ihre Aufträge der Fabrik von Heßling übertragen hat. Es wird notwendig, Arbeiter in Gausenfeld zu entlassen, und der alte Buck muß dies als Aufsichtsratsvorsitzender sogar anregen. Man vermutet, daß die Regierung ihre Aufträge Gausenfeld nur deshalb entzogen hat, weil man den alten Buck zum Aufsichtsratsvorsitzenden gewählt hat. Als wegen der Entlassungen ein Streik droht, fallen die Aktien noch

Aufträge für Heßling

Aktienverluste

tiefer. Heßlings Schwager Kienast, der „unvermutet in Netzig eingetroffen" (325/403) ist, regt die
Aktienverkäufe an, indem er hinterbringt, daß dieser und jener schon verkauft habe. Ein Makler, den
Kienast angeblich nicht kennt, kauft die „faulen
Papiere". Anfang des Herbstes besitzt kein Mensch
mehr Gausenfelder Aktien.

Fusionsgerüchte
Man munkelt, daß Heßling und Gausenfeld „fusioniert werden" (325/403), doch Heßling zeigt sich
„verwundert" und weist darauf hin, daß der alte
Buck als Aufsichtsratsvorsitzender von Gausenfeld
dabei „wohl noch mitreden" (325/403) werde.

Bucks Prozeß
gegen die „Volks
stimme"
Der Beleidigungsprozeß, den der alte Buck gegen
die ‚Volksstimme' angestrengt hat, verläuft für den
alten Buck ungünstig: die Zeugen können sich z. T.
nicht mehr genau an die Verkaufsverhandlungen
und die Unterhändler erinnern, auch Klüsing, der
seine Aussage vom Krankenbett aus macht, äußert
sich so vage, daß er den alten Buck eher belastet als
entlastet: „Wenn Buck ihm (Klüsing) von dem Vorkaufsrecht auf das Terrain gesprochen haben sollte, so habe er dies keinesfalls in einem für Buck
ehrenrührigen Sinne aufgefaßt." (326/404) Auch
Bucks Feststellung, daß der Spender des Geldes,
Kühlemann, mit Klüsing verhandelt habe, wird
von Klüsing nicht eindeutig bestätigt.

Heßlings gemä
ßigte Aussage
Klärung des Sachverhaltes erhofft man sich von
Heßlings Aussagen, doch dieser hält sich in seiner
Vernehmung zurück und erklärt, daß er „niemals
öffentlich den Namen des Herrn Buck genannt habe" (326/404), daß sein Interesse ausschließlich der
politischen Moral und der Stadt gegolten habe und
daß ihm „persönliche Gehässigkeit ... fern" (326/
404) liege.

Der alte Buck fordert Heßling auf, „seine persönliche Auffassung der Sache" (326/405) vorzutragen,
nimmt diesen Antrag jedoch sofort zurück, denn
Heßling sei nicht der Mann, der ein Urteil über ihn
abgeben könne, dazu seien ihre Ziele zu grundverschieden. Während Heßling geschäftlichen Erfolg
anstrebe, habe er seit fünfzig Jahren „Gerechtigkeit und ... (das) Wohl aller" in das Zentrum seines
Lebens gestellt.

Heßling erkennt, daß der alte Buck besiegt ist, und

so ‚blitzt' er „den Alten ... einfach nieder, und diesmal endgültig, mitsamt der Gerechtigkeit und dem Wohl aller. Zuerst das eigene Wohl – und gerecht war die Sache, die Erfolg hatte". (327/405) Heßling äußert sich in der weiteren Vernehmung zurückhaltend und überlegen, und alle finden ihn im Vergleich zum Prozeß gegen Lauer günstig verändert. Kein Wunder, denn auf Heßlings Seite ist der wirtschaftliche Erfolg, der ihm Sicherheit gibt. In der Mittagspause verbreitet sich die Nachricht, daß Heßling „Großaktionär von Gausenfeld" sei und „als Generaldirektor berufen" (327/406) werde. Wie ein Witz wirkt es nun, daß Heßling dem alten Buck Geld geliehen hat, um Gausenfelder Aktien zu kaufen. Beim Verlassen des Gerichtssaales wird Heßling achtungsvoll, fast unterwürfig gegrüßt: „Die Hereingefallenen grüßten den Erfolg." (327/ 406)

Heßling als neuer Großaktionär

Buck gewinnt zwar den Prozeß, der Redakteur der ‚Volksstimme' muß fünfzig Mark zahlen, doch die Urteilsbegründung kehrt diesen Erfolg in eine vernichtende Niederlage für den alten Buck, denn der Beweis für die Beleidigung wird „nicht vollständig erbracht, guter Glaube ward (dem Redakteur) zugebilligt" (327/406). Als der alte Buck das Gerichtsgebäude verläßt, weichen ihm auch seine Freunde aus. In dem Maße, in dem Heßling Anerkennung gewonnen hat, verliert er an Ansehen. Der tiefe Fall kündigt sich an: man unterstellt ihm, daß ihm eigentlich kein Geschäft geglückt sei, daß seinem geschäftlichen Mißerfolg die moralische Fragwürdigkeit entspreche und daß schließlich seine Politik „immer nur Opfer ... für demagogische Zwecke" (328/407) gefordert habe. Jetzt glaubt man zu erkennen, daß die weltoffene Gesinnung des alten Buck und seine Politik, die sich gegen die Regierung gerichtet habe, negative Auswirkungen auf das Geschäftsleben gehabt habe: „Entrüstet erkannte man, daß man sich auf Gedeih und Verderb in der Hand eines Abenteurers befunden hatte. Ihn unschädlich zu machen, war der allgemeine Herzenswunsch." (328/407)

Der tiefe Fall des alten Buck

Auf Druck von außen scheidet der alte Buck zunächst aus dem Stadtrat aus, dann legt er – auf

67

Verlust der politischen Ämter

‚sanften Druck' seiner politischen Freunde – das Amt des Parteivorsitzenden nieder. Alte Freunde grüßen ihn nicht mehr, selbst Leute, die ihm ihre Position oder ihren geschäftlichen Erfolg verdanken, zeigen ihre Ablehnung, und mit der Zeit geht man gleichgültig an ihm vorüber. Eltern dient er allenfalls noch als abschreckendes Beispiel für ihre Kinder. Mancher Jugendliche jedoch läßt sich von dem allgemeinen Vorurteil der Erwachsenen nicht bestimmen, sondern grüßt den alten Buck, der dann „in diese zukunftsträchtigen Gesichter (sieht), noch einmal voll der Hoffnung, mit der er sein Leben lang in alle Menschengesichter gesehen hatte" (330/409).

Heßlings wirtschaftlicher Triumph: Generaldirektor von Gausenfeld

Heßlings Triumph über den alten Buck wird dadurch gekrönt, daß der alte Buck, bevor er den Vorsitz im Aufsichtsrat niederlegt, Heßling zum Generaldirektor von Gausenfeld berufen muß. Die ‚Netziger Zeitung', die bedingungslos hinter Heßling steht, streicht dessen Verdienste um die Fabrik heraus: nur durch ihn, der in aller Stille über fünfzig Prozent der Aktien erstanden habe, sei die Fabrik vor dem Zusammenbruch bewahrt worden. Heßling vermag den Streik abzuwenden, die Fusion seines Werkes mit Gausenfeld wird vollzogen, indem über die Erhöhung des Aktienkapitals das Heßlingsche Werk erworben wird. Hierbei macht er ein hervorragendes Geschäft. In seinen Aufsichtsrat beruft er ‚gefügige Männer', die ihn bei der Umorganisation des Unternehmens nicht stören. Wie schon bei der Übernahme des väterlichen Betriebes versammelt Heßling seine Arbeiter und Angestellten, um sie mit seinen Prinzipien bekannt zu machen. Er warnt vor ‚sozialistischen Umtrieben' und

Der neue Kurs

Umsturzgedanken und erklärt, daß jeder, der „in Zukunft anders wählt, als ... (er) will, fliegt" (331/410). Heßling verspricht, für Wohnhäuser, Krankenunterstützung und billige Lebensmittel zu sorgen, dafür verlangt er sonntäglichen Kirchgang und die Anerkennung seines Führungsanspruchs: „einer muß Herr sein!" (331/410) Seine Arbeiter und Angestellten will er „zu treuen Anhängern der bestehenden Ordnung ... machen" und ihren „nationalen Sinn ... wecken" (331/410).

Heßlings Furcht vor dem Umsturz bleibt trotz aller erzieherischen Maßnahmen bestehen. Politische Ereignisse wie die Ablehnung der Umsturzvorlage durch den Reichstag und die Ermordung eines Industriellen verunsichern Heßling so stark, daß er „tage- und wochenlang ... keine Tür ohne Bangen vor einem dahinter gezückten Messer" (332/412) öffnet und abendlich, auf der Suche nach Verbrechern, mit seiner Frau durch das Schlafzimmer kriecht.

Angst vor Umsturz

Heßling bittet den Kaiser in vielen Telegrammen um „Hilfe gegen die von den Sozialisten angefachte Revolutionsbewegung" (332/412), „militärischen Schutz der Autorität und des Eigentums" (332/412) und fordert „Zuchthausstrafen für Streikende" (332/412). Seine Telegramme werden in der ‚Netziger Zeitung' abgedruckt, zugleich werden seine Bemühungen „um den sozialen Frieden und die Arbeiterfürsorge" (333/413) hervorgehoben.

Kienast, der Heßling beim Ankauf der Aktien unterstützt hat, fordert nun von Heßling eine angemessene finanzielle Entschädigung, da ihm durch die Heirat mit Magda ein Achtel der Heßlingschen Fabrik zugefallen sei. Heßling lehnt die Forderungen ab: die Fabrik sei verkauft. Gausenfeld gehöre nicht ihm, sondern einer Aktiengesellschaft, und das Kapital sei sein Privatvermögen. Der anschließende Prozeß dauert drei Jahre und wird immer erbitterter geführt. Kienast versucht mit Sötbiers Hilfe zu beweisen, daß Heßling seinen Verwandten schon früher zu wenig gezahlt habe. Auch den Abgeordneten Napoleon Fischer will Kienast bewegen, dunkle Punkte in der Vergangenheit Heßlings aufzuhellen. Damit Napoleon Fischer schweigt, muß Heßling mehrfach größere Spenden an die sozialdemokratische Partei zahlen. Eifersucht, Verleumdungen und Habgier entfachen einen weiteren Familienzwist zwischen Guste und Magda. Nur knapp kann der Familienskandal von Kienast und Heßling verhindert werden, doch wird er durch einen anderen Skandal abgelöst: alle Familienmitglieder erhalten anonyme Briefe mit „krassesten Obszönitäten" (336/416). Zunächst beschuldigen sich die Familienmitglieder gegenseitig, Ver-

Kienasts finanzielle Forderungen

Die anonymen Briefe

69

Verunsicherung in Netzig

fasser dieser Briefe zu sein, doch im Laufe der folgenden Tage wird klar, daß diese Briefe überall in Netzig kursieren. ‚Alle guten Häuser' sind betroffen, und „in ganz Netzig traut keiner mehr dem Vertrautesten" (336/416). „Die bürgerliche Ehrbarkeit (wird) in Frage gestellt" (336/417), weil diese anonymen Briefe die sorgfältig verdeckten moralischen Entgleisungen der ‚guten Häuser' enthüllen.

Hornung – der Sündenbock

Heßling gelingt es schließlich, seinen ehemaligen Kommilitonen Gottlieb Hornung als Schreiber derartiger Briefe zu ‚überführen'. Hornungs Hinweis, „solche Briefe schriebe doch jeder, es sei Mode, ein Gesellschaftsspiel" (336/417), läßt Heßling nicht gelten. In Hornung hat er einen nützlichen Sündenbock gefunden, auch wenn ihm klar ist, daß Hornung allein nicht Urheber aller Briefe sein kann. Er zeigt Hornung an, der die Urheberschaft einiger Briefe zugibt. Hornung wird als „nervös überreizt" vom Gericht in ein Sanatorium überwiesen. Scheinbar schlagartig hören damit die Belästigungen auf, Briefe, die nun noch kursieren, werden ignoriert. Nach seiner Entlassung erhält Hornung von Heßling Geld, um Netzig zu verlassen. Damit ist die Affäre erledigt, und die bürgerliche Moral ist wieder gesichert.

Heßlings Frau gebiert im Jahresabstand drei Kinder, Gretchen, Horst und Kraft. Nach der schweren Geburt seines Sohnes Horst erklärt Heßling seiner Frau, daß vor die Wahl gestellt, ob seine Frau oder sein Sohn bei der Geburt überlebten, er „sie glatt hätte sterben lassen", denn „die Rasse ... (sei) wichtiger, und für (seine) ... Söhne ... (sei er) dem Kaiser verantwortlich" (337/419).

Heßlings Eheleben

Das Eheleben wird von der autoritären und – vordergründig – sittenstrengen Einstellung Heßlings bestimmt: die Frau ist „der Kinder wegen da" (ebd), „Frivolitäten und Ungehörigkeiten" (ebd) werden Guste untersagt. „Die drei G, ... Gott, Gafee und Gören" (338/419) sollen ihren Alltag bestimmen. Ist Heßling unpäßlich, muß Guste ihn versorgen, im umgekehrten Fall hat sie sich von ihm fernzuhalten, „denn Diederich war entschlossen, keine Bazillen zu dulden" (338/419).

Während Heßling seiner Frau abends bei der ge-

70

meinsamen Lektüre des ‚Lokal-Anzeigers‘ seine politischen Grundsätze vorträgt, interessiert Guste sich, trotz der grundsätzlichen Übereinstimmung mit der Meinung ihres Mannes, eher für die kaiserliche Privatsphäre, die sie der Rubrik ‚Vermischtes‘ entnimmt. Heßling interessieren vor allem die „drohenden Katastrophen…, denn ‚die deutsche Seele ist ernst, fast tragisch‘“ (340/422). Beherrscht Heßling bis in die abendlichen Stunden das Familienleben, so kehren sich die Verhältnisse danach um. Guste fordert ihren Mann mit aufreizenden Blicken heraus, bedrängt ihn mit ihren Knien, um schließlich mit energischer Stimme Heßling aus seinen nationalen Gedanken zu reißen und ihm „eine mächtige Ohrfeige“ (340/422) zu verpassen (vergl. S. 77 f./95). „Voll Angst und dunklen Verlangens“ unterwirft sich Heßling Guste, die ihn „in einer unerhörten und wahnwitzigen Umkehrung aller Gesetze“ (ebd) in den Bauch treten, mit den Worten „Ich bin die Herrin, du bist der Untertan“ (340/422) in das Schlafzimmer treiben und mit unanständigen Worten beschimpfen darf.

Heßlings masochistische Wünsche

Diese sadistischen und masochistischen nächtlichen Erlebnisse weichen am Tag der alten Herrschaftsstruktur: unnachgiebig läßt Heßling sich nach solchen Nächten von seiner Frau das Wirtschaftsbuch vorlegen und „wehe, wenn Gustes Rechnung nicht glatt aufging“ (341/423).

Wiederherstellung der alten Struktur

Seinen familiären Verpflichtungen entzieht sich Heßling immer häufiger durch Stammtischabende. Im Ratskeller trifft sich die Netziger bürgerliche Gesellschaft. Nach und nach gesellen sich dem Stammtisch auch die liberalen und freisinnigen Kräfte zu, „weil es eben auf die Dauer niemand möglich war, den Erfolg zu bestreiten oder zu übersehen, der den nationalen Gedanken beflügelte und immer höher trug“ (341/424). Liberale Grundgedanken werden immer deutlicher mit nationalen Ideen vermischt.

Stammtischabende

Wöchentlich einmal bleibt Heßling, ohne Wissen Gustes, dem Stammtisch fern, dann besucht er die Villa, in der ehemals von Brietzens gewohnt haben, in der jetzt aber Käthchen Zillich ihrem, in Berlin erlernten, Gewerbe nachgeht. Von Käthchens

Käufliche Liebe

71

Freiern kennt Heßling nur Jadassohn, der zum Staatsanwalt aufgestiegen ist. Heßling neidet Jadassohn, daß er Käthchens Gunst möglicherweise kostenlos genießt. In einem vertraulichen Gespräch klagt Heßling über Käthchens finanzielle Ansprüche. Was Heßling nicht ahnt, ist, daß Jadassohn Guste über Heßlings Verhältnis mit Käthchen aufgeklärt hat.

Zusammenarbeit von Heßling und Jadassohn

Im politischen Bereich ergänzen sich Jadassohn und Heßling. Heßling ist bestrebt, die „Stadt von Schlechtgesinnten zu reinigen" (344/428), er denunziert Majestätsbeleidigungen, „worauf Jadassohn sie ans Messer lieferte" (344/428). Rücksichtslos zeigt Heßling sogar die Klavierlehrerin von Guste an, die den ‚Sang an Ägir' abgelehnt hat, ein von Wilhelm II. gemeinsam mit seinem Intimus Eulenburg verfaßtes patriotisches Lied. Die Klavierlehrerin wird verurteilt, und Wolfgang Buck, der nach Netzig zurückgekehrt ist, befürwortet überraschenderweise diese Verurteilung. Ironisch erklärt er, die Monarchie sei „unter den politischen Regimen eben das, was in der Liebe die strengen und energischen Damen sind. Wer dementsprechend veranlagt ist, verlangt, daß etwas geschieht, und mit Milde ist ihm nicht gedient." (345/428) Damit schlägt Wolfgang Buck einen Bogen zwischen Heßlings perversen Anwandlungen und seiner politischen Einstellung.

Trotz ihrer unterschiedlichen politischen Ansichten fühlt Heßling sich, ohne dies logisch begründen zu können, zum jungen Buck hingezogen und lädt ihn sogar zu sich ein. Dabei entwickelt sich überraschenderweise eine Beziehung zwischen Emmi und dem jungen Buck, die Heßling nicht ohne Stolz wahrnimmt. Auch gegenüber dem alten Buck entwickelt Heßling wieder „ein gewisses Interesse" (346/429). Zu gerne würde er die Meinung des alten Buck über die veränderten Verhältnisse in Netzig hören, und gelegentlich schleicht er sogar hinter dem nun „einflußlosen, schon halb vergessenen Alten" (346/430) her, um ihn zu beobachten. Wirtschaftlich ist dieser so weit ruiniert, daß Heßling dem jungen Buck vorschlägt, das Haus und die gesamte Einrichtung zu kaufen; großzügig räumt er

Emmi und der junge Buck

Der wirtschaftliche Ruin des alten Buck

72

dem alten Buck, der schon vom Tod gezeichnet ist, Wohnrecht ein.

Das Kaiser-Wilhelm-Denkmal verursacht Probleme und kann nicht zum 100. Geburtstag von Wilhelm I. eingeweiht werden, nicht zuletzt weil der Kaiser einer Darstellung seines Großvaters als Fußgänger nicht zustimmt, sondern ein Reiterstandbild anordnet. Bei einem seiner Besuche der Baustelle belauscht Heßling ein Gespräch zwischen dem alten und dem jungen Buck. Während der junge Buck angesichts der herrschenden politischen Verhältnisse resigniert und jeden Glauben an Veränderungen aufgegeben hat, ruft ihn sein Vater auf, denen, die mächtig geworden sind, nicht das Feld zu überlassen.

Die Resignation des jungen Buck

Heßling erhält vom Denkmalskomitee den ehrenvollen Auftrag, zur Enthüllung des Denkmals die Festrede zu halten. Wulckow, der sich hierdurch übergangen fühlt, versucht Heßlings Auftritt zu hintertreiben. Er verweigert Guste einen Platz auf der Ehrentribüne; Heßling allerdings beweist Wulckow, daß seine Macht nicht zu unterschätzen ist, er läßt Fotos von sich und seiner Frau sowie vom Künstler, der das Denkmal angefertigt hat, in der Zeitschrift „Woche" erscheinen, Wulckow als Ehrenvorsitzender wird nicht einmal erwähnt.

Heßlings Angriff auf Wulckows Macht

Selbst Wulckows Entschuldigung nimmt Heßling nicht an, sondern krönt seine Kampagne gegen den Regierungspräsidenten, indem er Napoleon Fischer den dubiosen Handel mit dem Grundstück verrät, auf dem das Denkmal steht. Vor dem Reichstag nutzt Napoleon Fischer seine Immunität als Abgeordneter und enthüllt die Schieberei und Bestechung, ohne den Namen des Informanten weiterzugeben. Heßling, der diese Intrige geschickt eingefädelt hat, macht nun Wulckow seine Aufwartung, um diesem seine Verbundenheit zu beweisen; eine Woche später wird auch das Bild des Regierungspräsidenten veröffentlicht, viermal so groß wie das Bild von Heßling und seiner Frau, damit war „der gebührende Abstand wiederhergestellt" (351/437).

Kampagne gegen Wulckow

Am Tag der Denkmaleinweihung zieht es Heßling und seine Frau schon früh zum Festplatz. Heßling bewundert die Ordnungsmaßnahmen, seine Frau

Die Einweihung des Denkmals

Heßlings Kampf um den angemessenen Platz

hingegen ist unzufrieden mit dem ihr zugedachten Platz. Zwar bemüht sich ihr Mann, ihr einen Platz im offiziellen Festzelt gegenüber dem Denkmal zu verschaffen, doch „sein tollkühner Angriff (wird) so nachdrücklich zurückgewiesen, wie er es vorausgesehen hatte" (352/437 f.). Heßling muß wieder einmal erkennen, „daß man ohne Uniform, trotz sonstiger Erstklassigkeit, ... mit schlechtem Gewissen durchs Leben ging" (352/438). Der Rückzug auf ihren ursprünglichen Platz bleibt nicht unbemerkt, peinlicher aber ist dann, daß sich auf Gustes Platz Käthchen Zillich niedergelassen hat. Obgleich Heßling seinen ganzen Einfluß bei den Aufsichtsbeamten und dem Schutzmann geltend zu machen sucht, muß Guste auf die letzte Bank ausweichen, denn auf „höheren Befehl hat ihn die Dame gekriegt" (354/440). Bevor die Auseinandersetzung zwischen Käthchen Zillich und Guste weitere Kreise zieht, beginnt die Einweihungsveranstaltung.

Heßlings Festrede

Heßlings Festrede ist vor allem eine hymnische Lobrede auf die Verdienste des Kaisers, dessen „unvergleichbare Persönlichkeit ... stark genug" sei, um sich „efeuartig an ihr emporranken" zu dürfen (356/442). Ihm sei es zu verdanken, daß man sich zur „Elite unter den Nationen" zählen könne und die „Höhe germanischer Herrenkultur" (356/442) erreicht habe. Der Applaus des Publikums beflügelt Heßling.

Das Bild des ‚Erzfeindes Frankreich'

Er zeichnet in seiner Rede ein vernichtendes Bild des Erzfeindes Frankreich, ohne dabei zu bemerken, daß seine Kritik deutlich die Züge des eigenen Verhaltens spiegelt:

> „Der in leere Religiosität versteckte krasse Materialismus hatte den unbedenklichsten Geschäftssinn großgezogen, Mißachtung des Geistes schloß ihr natürliches Bündnis mit niederer Genußsucht. Der Nerv der Öffentlichkeit war Reklamesucht, und jeden Augenblick schlug sie um in Verfolgungssucht." (357/444)

Als Heßling betont, daß Deutschland „nie und nimmer das Ende mit Schrecken nehmen" werde, „das dem Kaiserreich ... (des) Erbfeindes vorbehalten war", blitzt es, bezeichnenderweise „in der Gegend, wo das Volk zu vermuten war" (358/444). Immer bedrohlicher zieht ein Gewitter herauf, bis schließlich nach einem ungeheuren Donner der Befehl gegeben wird, das Denkmal zu enthüllen. Die Ehrengäste können gerade noch zum Denkmal treten, den Künstler, der das Denkmal geschaffen hat, mit einem Orden ehren, da bricht das Gewitter mit aller Heftigkeit los. Bevor auch Heßling seinen Orden erhalten hat, löst sich die Festversammlung fluchtartig auf. Der Orden wird Heßling schließlich von einem Schutzmann in die Hand gedrückt. Auf dem Festplatz bricht das Chaos aus, nur die Regimentskapelle spielt noch lange Zeit. „Heil dir im Siegerkranz", bis auch sie vom Sturm auseinandergewirbelt wird. Heßling hockt unter seinem Rednerpult, erst als das Gewitter abgezogen ist, wagt er sich hervor.

Auf dem Weg nach Hause besinnt er sich, daß er den „Wilhelms-Orden" erhalten hat, und das Gewitter scheint ihm nun, ein „Umsturz der Macht von seiten der Natur ... mit unzulänglichen Mitteln" (362/450) gewesen zu sein. Sein Heimweg führt ihn am Haus des alten Buck vorbei, hier bemerkt er Fuhrwerke, die vor dem Haus halten. Neugierig betritt er das Haus und schleicht sich bis zu einer geöffneten Tür, wo er von allen ungesehen den alten Buck in einem Bett umringt von seiner Familie erblickt. Selbst angesichts des Sterbenden kann Heßling seine Triumphgefühle nicht unterdrücken.

Als der alte Buck sich noch einmal aufrichtet, um seine Angehörigen zu sich zu winken, verklärt ‚geisterhaftes Glück' seinen Blick, bis er „einem Fremden begegnet, der Grauen mitbrachte" (363 f./452). Der alte Buck stirbt, und es ist allen Anwesenden, als habe er vor seinem Tod den Teufel gesehen. Bevor Judith Lauer die Tür schließt, in der Heßling ungesehen stand, „war (Diederich) schon entwichen" (364/452).

Das aufziehende Gewitter

Chaos und Panik

Der Tod des alten Buck

75

Thematische Aspekte

Heinrich Mann zeichnet in seinem Roman „Der Untertan" die Entwicklung des wilhelminischen Bürgers Diederich Heßling von der frühesten Kindheit bis zur Sicherung seiner wirtschaftlichen, politischen und gesellschaftlichen Position nach. Der Roman zeigt aber nicht einen Einzelfall, sondern in Diederich Heßling verkörpern sich die Machtstrukturen und die Einstellungen der wilhelminischen Ära, denn der Untertan ist kein Außenseiter, er ist vielmehr repräsentativ für die Zeit. Die Entwicklung Heßlings verdeutlicht, wie das politische System den Charakter des Untertanen formt, den es zugleich zur Aufrechterhaltung der Macht benötigt.

Erziehung und Sozialisation des Untertans

Heßlings Fixierung auf Autoritäten

Heßlings Kindheit wird auf wenigen Seiten gerafft dargestellt, doch schon diese ersten Seiten entwerfen das Bild eines Kindes, das auf Autoritäten fixiert ist. Das träumerische, weiche Kind hat Angst, die Umwelt zu erkunden. Es bleibt im Winter am liebsten in der Stube, im Sommer im engen Garten. Träumerisch entwirft es eine Märchenwelt, vor der es selbst erschreckt, denn wenn „Diederich vom Märchenbuch, dem geliebten Märchenbuch, aufsah, erschrak er manchmal sehr." (5) Die Gestalten des Märchenbuches umgeben ihn in seiner Phantasie.

Der Vater, den man lieben muß

Neben diesen Märchenfiguren, vor denen man sich fürchtet, gibt es reale Gewalten, die noch „fürchterlicher" (5) sind und die man lieben muß, den Vater, und „Diederich liebte ihn". (5) Diese Liebe ist eine Liebe, die nicht in Frage zu stellen ist, dennoch gilt es immer wieder, diese Instanz der Macht zu überprüfen, „jede nicht herausgekommene Untat mischte in Diederichs Ergebenheit und Vertrauen einen Zweifel" (5). Die Verwundbarkeit der Macht erzeugt Schadenfreude und Übermut, ruft aber zugleich Unsicherheit hervor: „Als der Vater einmal mit seinem invaliden Bein die Treppe herunterfiel, klatschte der Sohn wie toll in die Hände – worauf er weglief." (5)

Zweifel an der Macht

Das Bestreben, sich von anderen zu unterscheiden, ermöglicht sich der Junge, indem er sich von den Arbeitern in der Fabrik seines Vaters distanziert. Wenn sein Vater ihn verprügelt hat, weil er genascht oder gelogen hatte, und die Arbeiter ihn auslachen, dann ist Heßling sich bewußt: „Ihr wäret froh, wenn ihr auch Prügel von ihm bekommen könntet. Aber dafür seid ihr viel zuwenig." (5) Seine ‚geborgte' Macht spürt er und nutzt sie wie „ein launenhafter Pascha" aus. Bald droht er den Arbeitern, sie zu verraten, bald läßt er sich bestechen, indem er sich „oft von den Frauen ... (abgetrennte Knöpfe) zustecken (läßt), dafür, daß er die nicht angab, die einige mitnahmen" (6). Zur Freude, die Macht betrogen zu haben, gesellt sich immer zugleich auch instinktiv die Angst. So betet Heßling, als er die ihm zugesteckten Knöpfe in Bonbons umsetzt und heimlich lutscht, „angstgeschüttelt zu dem schrecklichen lieben Gott, er möge das Verbrechen unentdeckt lassen" (6). Das Kind hat die unbezweifelbare Autoritätsrolle seines Vaters anerkannt und akzeptiert so auch die Strafe des Vaters. Instinktsicher vermag Heßling die Denkweise der Macht einzuschätzen: während seine Mutter ihn nötigen will, vor dem Vater „hinzufallen und ihn um Verzeihung zu bitten" (6), ist der Junge überzeugt, daß dies seinen Vater nur noch mehr erbost haben würde, weil er mit der „gefühlsseligen Art seiner Frau" nicht einverstanden ist.

Die ‚geborgte Macht' des jungen Heßling

Autorität und Strafe

Verkörpert der Vater die Macht, so spricht die Mutter die weichen, verträumten Seiten des Kindes an. Doch das Kind hat längst erfaßt, daß die Mutter in gleicher Weise der Macht unterliegt und ihr nichts anderes entgegenzusetzen hat als er selbst. Mit Ersatzbefriedigungen wie Naschen und Lügen und dem Versuch, diese vor der Autorität zu verbergen, ist die Mutter Spiegel ihres Sohnes.

Der Gegenpol: die Mutter

Sentimentalität der Mutter

So wie er später Agnes als eine „Heilige" anbetet, um sie, nachdem er sie verführt hat, als „so eine" abzulehnen, verachtet er seine Mutter, mit der er „dennoch ... von Gemüt überfließende Dämmerstunden", „zärtliche Stunden" am Klavier, bei Gesang und Märchenerzählen verbringt. Mit kindlichem Sadismus rächt sich Heßling für ungerechtfertigte Schläge der Mutter, indem er ihr droht, sie „beim Vater zu verklagen", dann freut er „sich irgendwo hinter einer Mauer, daß sie nun Angst" (6) hat. Während die Schläge des Vaters die Machtfrage in einer unbezweifelten Autorität klären, sind die Schläge der Mutter, „Hals über Kopf und verzerrt von Rachsucht" (6) für Heßling nur Ausdruck ihrer eigenen Ohnmacht, die er verachtet und hier – wie auch später – ausnutzt.

Dämonisierung der Mächte

Allmählich lernt das Kind, daß es noch andere Instanzen gibt, die die Macht verkörpern und denen man sich beugen muß. Auch diese Mächte müssen fraglos anerkannt werden, denn sie können „ins Gefängnis abführen", „einen durch den ganzen Schlot schleifen", und sie dürfen „den Hals pinseln ... und (einen) schütteln, wenn man schrie" (7). Die irrationalen Ängste der Mutter „vor den neuen, belebten Straßen und der Pferdebahn" (ebd) oder dem „Gespenst, droben auf der Burg" (ebd) tragen ihre Früchte, zugleich hat die Dämonisierung dieser Mächte geholfen, das Kind zu disziplinieren.

Austauschbare Gewalten

Gnom, Kröte, Vater, der schreckliche liebe Gott, das Burggespenst, die Polizei, der Schornsteinfeger, der Doktor bilden ein Netz von beherrschenden, sich gegenseitig stützenden Autoritäten, denen das Kind nicht entkommen kann:

Legitimation der Gewalt

> „Die scheinbar wahllose Aufzählung (der Autoritäten) gibt in Wahrheit Aufschluß über Diederichs weitere Entwicklung. All diese furchtbaren Gewalten sind austauschbar. Autorität ist nicht mehr an eine bestimmte Person und deren Qualität gebunden; Autorität ist Autorität und als solche verehrungswürdig. Die so verschiedenen Gewalten stehen ... nicht unverbunden nebeneinander, sie legitimieren und stärken sich gegenseitig." (Vogt, 55)

In der Schule perfektioniert Heßling den Umgang mit der Macht. Ein Prozeß wird angebahnt, den Richter „Externalisierung des Gewissens" nennt:

Schule und Macht

> „Überall bieten sich Vorschriften, Verordnungen und hierarchische Strukturen, die nahelegen, gehorsame Anpassung mit moralischer Integrität gleichzusetzen. In autoritären Gesellschaften beansprucht die jeweilige Führung wie selbstverständlich moralische Unfehlbarkeit. ... Das sogenannte Führerprinzip war praktisch ein reines Unterwerfungs-, ein moralisches Entmündigungsprinzip. Absolute Hörigkeit wurde bis in die höchsten Ränge hinaus verlangt und praktiziert." (Richter, 207)

Nach anfänglicher Verunsicherung in der Schule fügt Diederich sich in den „unerbittlichen, menschenverachtenden, maschinellen Organismus, der das Gymnasium war, ihn beglückte, daß die Macht, die kalte Macht, an der er selbst, wenn auch nur leidend, teilhatte, sein Stolz war." (8) Doch die „Machthaber", denen Heßling sich beugt, gewinnen ihre Position nur durch die Zugehörigkeit zu der Institution; sie selbst können, weil es noch höhere Mächte gibt, in ihrer Existenz bedroht werden. Das Schicksal zweier Lehrer beweist Heßling, daß „noch höhere Gewalten, der Direktor und das Irrenhaus, ... gräßlich mit denen abgefahren (waren), die bis eben so hohe Gewalt hatten" (8/9). Heßlings Schulzeit ist eine Erziehung für das Leben, zeitlebens wird er wie ein Schuljunge vor der Macht zittern, zugleich aber dort, wo ihm Macht gegeben ist, wird er geschickt und instinkthaft die Macht ausnutzen, bis hin zur Vernichtung des Gegners:

Das Gymnasium

> „Um von den großen Mächten, die er so sehr verehrte, nicht ganz erdrückt zu werden, mußte Diederich leise und listig zu Werk gehen." (9/11)

Die masochistische Verherrlichung der Gewalt, die in früher Kindheit beginnt („Wenn er genascht oder gelogen hatte, drückte er sich so lange schmatzend und scheu wedelnd am Schreibpult umher, bis Herr

Masochistische Verherrlichung der Gewalt

Heßling etwas merkte und den Stock von der Wand nahm" (5)), setzt sich in der Schule fort. Am Geburtstag des Ordinarius bekränzte man Katheder und Tafel, „Diederich umwand sogar den Rohrstock." (8/9) Auch findet diese Neigung ihre sexuelle Fortsetzung in der sadistisch-masochistischen Beziehung zu seiner Frau. („In einer unerhörten und wahnwitzigen Umkehrung aller Gesetze durfte Guste ihm befehlen: ‚Du sollst meine herrliche Gestalt anbeten!' und dann, auf den Rücken gelagert, ließ er sich von ihr in den Bauch treten." (340/422))

Der Untertan und die Macht

Heßling und von Wulckow

Die Staatsmacht

Die Repräsentanten der alten preußischen Macht spielen eine bedeutende Rolle im Roman, die Staatsmacht wird durch adlige Offiziere, durch den Regierungspräsidenten von Wulckow und durch Wilhelm II. selbst repräsentiert. Die Macht des Staates, die sich in diesen Figuren spiegelt, steht „am Endpunkt der fortschreitenden Depersonalisierung von Autorität, die schon in der Schule einsetzte. Diese Macht ist ein komplizierter, scheinbar autonomer, gewalttätiger Mechanismus" (Vogt, 54).

Der Regierungspräsident v. Wulckow

Die zentrale Figur, die in diesem Roman die Macht verkörpert, ist der Regierungspräsident Wulckow. Der alte Buck warnt Diederich bei dessen Antrittsbesuch vor dem Regierungspräsidenten: „Er ist der Feind, der uns hier in die Stadt gesetzt worden ist." (91/111)

Sein erstes Auftreten beweist, daß Wulckow tatsächlich gefährlich werden kann. Nachdem der Posten vor dem Bezirkskommando einen Arbeiter erschossen hat und Aufruhr auf der Straße zu entstehen droht, dröhnt Wulckows „fürchterliche Baßstimme, die jeder ... durch allen Aufruhr ... hörte wie fernen Kanonendonner" (106/130) über den Platz, er verbittet sich den Lärm und beordert den

Der Tod des Arbeiters

Posten zu sich: „Du hast Deine Pflicht getan."
(ebd) Abschließend droht Wulckow der verschüch-
terten Menge: „Zerstreut euch sofort, sonst laß ich
schießen!" (ebd)

Auch der Prozeß gegen Lauer wird durch Wulckow
beeinflußt. Ungeniert betritt der Regierungspräsident den Gerichtssaal „im Jagdanzug, mit großen
kotigen Stiefeln" (166/204). Niemand nimmt Anstoß am Auftritt Wulckows, im Gegenteil macht
der Vorsitzende „auf seinem Sitz eine Verbeugung"
(ebd). Wulckows dröhnender Einwurf „Uner-
hört!", als der junge Buck den Antrag stellt, „einen
Sachverständigen zu vernehmen, welche deutschen
Fürsten jüdisches Blut haben" (168/207), bringt die
Wende des Prozesses. Der Antrag wird abgelehnt,
und die Stimmung im Gerichtssaal kam „ganz leise
denen näher, die geschickter waren und die Macht
hatten" (ebd).

**Wulckows Auftritt
im Prozeß**

Nach der Vormittagsverhandlung gelingt es Heßling, die ‚Macht' noch einmal auf sich aufmerksam
zu machen. Als Wulckow aus seinem Amtszimmer
tritt, schlägt Heßling „im richtigen Augenblick die
Hacken zusammen" (177/219), herablassend klopft
der Regierungspräsident ihm auf die Schulter und
äußert: „sehr brauchbare Gesinnung, wir sprechen
uns noch" (ebd), dann geht er „weiter auf seinen
kotigen Stiefeln" (ebd) und hinterläßt „durchdrin-
gend wie je, diesen Geruch gewalttätiger Männlichkeit, der bei allem, was geschah, im Gerichtssaal gelagert hatte" (177f./219).

Wulckows Lob

Diese Gewalttätigkeit der Macht bekommt Heßling
unmittelbar zu spüren, als er Wulckow besucht.
Ihm wird dabei demonstriert, daß seine „brauchbare Gesinnung" aus ihm einen brauchbaren Idio-
ten gemacht hat, mit dem die Macht spielen kann,
wie es ihr beliebt.

**Heßling, der
brauchbare Idiot**

Nachdem er vergeblich vor Wulckows Tür gewartet
hat, nutzt er die Gelegenheit, mit Wulckows riesen-
haftem Hund, der „voll Verachtung an Diederich"
(252/310) vorbeigeschritten war, Wulckows Ar-
beitszimmer zu betreten. Heßlings Gruß bleibt un-
erwidert, und Wulckow leistet sich nur einen bos-
haften Scherz, als er seinen Hund fragt: „Nanu,
quatscht du auch schon, Schnaps?" (252/311) Heß-

**Wulckows Spiel
mit Heßling**

81

ling hatte geglaubt, erwartet zu werden, nun muß er erkennen, daß die Macht mit ihm ihr Spiel treibt und sich über ihn lustig macht. Wulckow weigert sich, Heßling wahrzunehmen, doch heimlich beobachtet er schmunzelnd, wie seine Dogge ihn bedroht und ihn zu einem grotesken Tanz zwingt. Die Dogge treibt ihr Spiel mit Heßling, bis sie von dem Verängstigten abläßt und ihn – wie Wulckow – nur noch beobachtet. Die Dogge und der Regierungspräsident verkörpern das Animalische, das Rücksichtslose und Gefährliche des Machtapparates; sie haben Heßling für kurze Zeit spüren lassen, daß die Macht keineswegs harmlos, daß sie vielmehr aggressiv, hinterhältig und unberechenbar ist.

Ohnmacht und Haß

In diesem Moment der Ohnmacht überkommt Heßling ein revolutionärer Haß auf die Macht. „Menschenschinder! Säbelraßler! Hochnäsiges Pack... Wenn wir mal Schluß machen mit der ganzen Bande –!" Das Knurren des Hundes und Wulckows Blähung, „ein langhinrollendes Geknatter" (ebd), bringen ihn wieder zur Besinnung: „Er verstand nicht, was dies für ein Anfall gewesen war. Das Gebäude der Ordnung, wieder aufgerichtet in seiner Brust, zitterte nur noch leise." (ebd)

Belohnung für den Untertan

Kaum eine Szene im Roman verdeutlicht genauer, welche Sinnleere und animalische Gemeinsamkeit Untertan und Macht verbinden: Nicht Vernunft, nicht geistige Verarbeitung lassen Heßling seinen berechtigten Zorn vergessen, sondern Gebell und Blähungen der Machthaber. Heßling wartet, bis es der Macht beliebt, ihn wahrzunehmen. Dieses Warten lohnt sich, denn die Macht zeigt sich nun von ihrer belohnenden Seite. Als Wulckow seinen Besucher unvermittelt anspricht, macht er ihm ein Kompliment und nennt ihn einen „reinen Staatsmann", dann teilt er ihm mit, daß er für ihn einen Orden beantragt habe. Dieses Wechselbad der Zu- und Abwendung spiegelt sich in Wulckows Augen „mit der Mongolenfalte" wider: ‚warmblütig, zynisch' (254/313) blicken sie den Untertan an. Auf diesen raschen Umschlag von Angst zur Freude kann Heßling nur „wie mit Blödigkeit geschlagen" (254/313) reagieren. Von der Freundlichkeit der Macht eingefangen, versucht er die Gunst der

Stunde zu nutzen und ins Geschäft zu kommen, indem er Wulckow ein Grundstücksgeschäft vorschlägt. In diesem Moment muß Heßling erfahren, daß er sich zu weit vorgewagt hat: „Wulckow dröhnte übermenschlich, er drang mit seiner gewaltigen Körperwärme und mit seinem persönlichen Geruch gegen Diederich vor, der sich rückwärts bewegte. Auch der Hund war aufgestanden und ging kläffend zum Angriff über. Das Zimmer war auf einmal erfüllt von Graus und Getöse." (258/318) Die Dogge, die zuvor schon als Metapher der Gefährlichkeit der Macht stand, zeigt sich erneut als unmittelbare Bedrohung. „Diederich hatte nur Vermutungen darüber, wer ihm früher an der Kehle sitzen werde, der Hund oder der Präsident." (258/318)

Unberechenbarkeit der Macht

Doch die „Macht, die über uns hingeht und deren Hufe wir küssen", „gegen die wir nichts können, weil wir alle sie lieben" (47/57 und 253/312), entfaltet schon bald wieder ihr Wohlwollen, indem sie Heßling, nachdem er seine Fabrik an einen Beauftragten Wulckows verkauft hat, mit einem Orden belohnt. „Diederich hielt beide Hände hin, eine Seligkeit, kaum zu ertragen, flutete ihm vom Herzen in den Hals. ... Unter der Gnadensonne fühlte Diederich, dies war die Rettung und der Sieg. Wulckow hielt den Pakt. Die Macht hielt Diederich den Pakt!" (275/341)

Wohlverhalten und Orden

Die Macht bindet den Untertan an sich, indem sie ihn einerseits in seine Grenzen weist, ihm auf der anderen Seite aber auch zeigt, daß der Untertan sich auf sie verlassen, mit ihr rechnen kann und daß dem Untertan zudem gesellschaftliche Anerkennung und Wohlstand zuteil wird, wenn er die Macht fraglos anerkennt.

Skrupellos und rücksichtslos sind beide, der Untertan und die Vertreter der Macht, und je weniger moralischer Anstand vorhanden ist, desto erfolgreicher ist die Verbindung. Je uneingeschränkter sich der Untertan der Macht zuwendet, desto bevorzugter wird er von der Macht berücksichtigt; wer eigenen Wertvorstellungen folgt, wie etwa der alte Buck, geht chancenlos unter, denn Erfolg und Ehrung hängen nicht mehr von Verdienst und Leistung ab.

Heßling und der Kaiser

Wilhelm II.

Die wichtigste Figur jedoch, die die preußische Macht demonstriert, ist Wilhelm II. Zweimal tritt er im Roman leibhaftig auf, seine Person allerdings bleibt durch Diederich Heßling, als Karikatur des Kaisers, über den ganzen Roman bestimmend; durch Heßling werden Untertan und Herrscher in gleicher Weise entlarvt.

Die Machtdemonstration des Kaisers

Das erste Auftreten Wilhelms II. erlebt Heßling während einer Demonstration von Arbeitslosen. Durch die Demonstrierenden reitet der Kaiser, „um der Bande zu zeigen, wer die Macht hat" (44/55); und allein dadurch, daß er da ist, ändert sich die Stimmung. Die Demonstranten, die zuvor „Brot! Arbeit!" geschrieen hatten, marschieren nun neben dem Kaiser her, als gehe es zur Kaiserparade auf das Tempelhofer Feld. Das Volk scheint neben dem Kaiser nur noch eine Statistenrolle „bei seiner Allerhöchsten Aufführung" (45/55) einzunehmen, es wird zum Publikum, während sich der Kaiser mit ihm mißt, er „der von Gott gesetzte Herr mit den empörerischen Knechten" (ebd).

Die Theatralik des Auftritts

Der Autor führt dem Leser durch seine Wortwahl (Statieren, Aufführung, wie für einen Triumphzug) das Gekünstelte und das Theatralische dieses Auftritts vor Augen, gleichzeitig wird aber auch die Wirkung der personifizierten Macht erkennbar. Die Demonstranten und Heßling verfallen der abstrakten Machtdemonstration, in der der Kaiser – „stark nur durch seine Sendung" – „seiner heiligen Sache sich selbst zum Opfer" (ebd) bringt.

Triumph der Macht

Heßling überkommt in diesem Moment „ein Rausch, höher und herrlicher als der, den das Bier vermittelt" (47/57). Was ihn und die anderen in eine „Sphäre der begeisterten Raserei" (ebd) versetzt, ist die *Verkörperung* der Macht: „auf dem Pferd..., mit Zügen steinern und blitzend, ritt die Macht!" (ebd) Diese Macht „triumphiert", und wenn sie den einzelnen „zerschmettert" (ebd), so „rechtfertigt sie (damit ihre) ... Liebe!" Es ist „die Macht, die über uns hingeht und deren Hufe wir küssen" (ebd).

Die ironisch zu deutenden Kommentare des Erzählers schärfen den Blick für die selbstzerstörerische Tendenz des fanatischen Untertans, der schließlich in zwei Weltkriegen spüren muß, daß die Macht ihn wahrhaftig „zerschmettert".

Fanatismus und Vernichtung

Noch hat der Fanatismus eher groteske Züge; Heßling, ein „Mensch im gefährlichsten Zustand des Fanatismus, beschmutzt, zerrissen, die Augen wie ein Wilder" (47/58), wird von seinem Kaiser mit Blicken „durchbohrt", weil dieser ihn für einen Angreifer hält. Dann aber, als Heßling sich „mit Wucht in einen Tümpel (setzt), die Beine in die Luft, umspritzt von Schmutzwasser" (47/58), erkennt ihn der Kaiser als Monarchisten, als treuen Untertan. Das Gelächter des Kaisers nach dieser Einsicht entlarvt beide Seiten. Der Untertan erniedrigt sich bis zur Lächerlichkeit, aber erst in dieser Lächerlichkeit wird er von der Macht „als treuer Untertan" erkannt: „Diederich aus seinem Tümpel sah ihm nach, den Mund noch offen." (ebd)

Die Lächerlichkeit des Untertans

Im 6. Buch wird Kaiser Wilhelm II. zum zweiten Mal vorgestellt. In Rom trifft er erneut auf seinen Untertanen: „und sie sahen einander an, Diederich und sein Kaiser. Der Kaiser lächelte kalt prüfend mit den Augenfalten, und die Falten am Mund ließ er ein wenig herab." (279/344) Auch das folgende Aufeinandertreffen entlarvt beide: „Und dann wandte der Kaiser den Kopf und lächelte. Er erkannte ihn wieder, seinen Untertan! Den, der schrie, den, der immer schon da war, wie Swinegel." (281/347) Swinegel gewinnt den Wettlauf gegen den Hasen, weil er die Dummheit des Hasen ausnutzt.

In Rom wird die hektische Betriebsamkeit des Kaisers erkennbar, doch diese Betriebsamkeit erschöpft sich in sich selbst, sie ist wie sinnentleerte Theatralik, inhaltslose Aktivität. „Wache. Der Kaiser im Tschako. Das Häuflein. Ein neues Ziel, eine neue Rückkehr, eine neue Uniform" (280/346), „die kaiserlichen Rennen liefen scharf, um ihnen vorauszukommen, mußte man Gassen durchjagen... Dann aber stand Diederich pünktlich an der Spitze seines Häufleins, sah die siebte Uniform aussteigen und schrie." (281/347) Während der Kaiser seine Repräsentationspflicht durch Wechsel der Unifor-

Die Sinnleere der kaiserlichen Betriebsamkeit

men theatralisch wahrnimmt, applaudiert ihm der Untertan durch Schreien. Beide demaskieren sich durch die Sinnleere ihres Tuns.

Doch auch die zweite Dimension der Untertanenmentalität Heßlings wird im Zusammenspiel mit Wilhelm II. erkennbar. Heßling ist nicht nur bereit, sich bedingungslos zu *unterwerfen,* er strebt zugleich danach, sich mit der Macht zu *identifizieren,* und im Kaiser hat er die Personifikation der Macht gefunden, die er nachahmen kann. Er imitiert Haltung, Sprache und Äußeres des Kaisers, er zitiert Reden des Kaisers und findet sich schließlich so in die Gedankenwelt des Kaisers eingebunden, daß er seinen Gedanken „vorgreifen" kann.

Der Kaiser als personifizierte Macht

Heßling als Imitator

> „Er unterschrieb jedes Wort in jeder Rede des Kaisers. ... Diederich lebte und webte in ihnen, wie in Ausstrahlung seiner eigenen Natur, sein Gedächtnis bewahrte sie, als habe er sie selbst gesprochen. Manchmal hatte er sie wirklich schon gesprochen. Andere untermischte er bei öffentlichen Gelegenheiten seinen eigenen Erfindungen, und weder er noch ein anderer unterschied, was von ihm kam und was von einem Höheren..." (339/420 f.)

Durch die Übernahme der „Kaiserrolle" erfährt der Untertan neue Bestätigung, die ihn bestärkt in seinem Kampf gegen die wirtschaftlichen Kontrahenten und die politischen Gegner:

> „An der Stärke, an der Macht zu partizipieren, ist für den autoritären Charakter um so befriedigender, je entfernter und ‚höher' diese Macht ist; die höheren Mächte, die Staatsgewalt oder der Führer entfernen sich in einer autoritär strukturierten Gesellschaft entsprechend als unantastbar von der ‚Masse' und der Gefolgschaft. Durch die gleichwohl vorhandene Identifikationsneigung fühlt sich der autoritäre Charakter der ‚Elite' zugehörig, durch die Identifikation mit den Herrschenden gegenüber den ‚Minderwertigen und Schwachen' hervorgehoben in unterstellter Teilhabe an der Macht. So kann er, unabhängig von der eigenen ‚massenhaften sozialen Position', wiederum auf die außenstehende ‚Masse' herabsehen, sie verachten." (Schmiederer, 47)

Heßlings politisches Weltbild

Heßlings politisches Weltbild, das von dieser Einstellung geprägt ist, artikuliert sich am deutlichsten in seiner Rede zur Einweihung des Denkmals:
das „Herrenvolk" Deutschland ist die „Elite", die
verachteten Gegner sind England und der ‚Erbfeind' Frankreich. So sinnleer und verworren die
Rede auf den ersten Blick erscheinen mag, so erschreckend sind Wortwahl und Methode der aggressiven Diffamierung beim genaueren Lesen.

Dem „berechtigten Selbstgefühl, das tüchtigste
Volk Europas und der Welt zu sein" (356/442), stellt
Heßling sofort die uneingeschränkte Unterordnung
entgegen: „Was Seine Majestät der Kaiser zum
Wohl des deutschen Volkes beschließt, dabei wollen
wir ihm jubelnd behilflich sein" (356/442), denn
„die Seele deutschen Wesens ist die Verehrung der
Macht, der überlieferten und von Gott geweihten
Macht, gegen die man nichts machen kann" (358/
445).

Während Heßling auf der einen Seite die eigene Position aufwertet und das ‚deutsche Volk' „als Elite
unter den Nationen", „germanische Herrenkultur"
(356/442) und „Herrenvolk" charakterisiert, sieht
er auf der anderen Seite den ‚Erbfeind', aus dessen
Land „sich immer wieder die Schlammflut der Demokratie her(wälzt)" (358/445). Dieser Gefahr
durch „die vaterlandslosen Feinde der göttlichen
Weltordnung" vermag „nur deutsche Mannhaftigkeit und deutscher Idealismus" (ebd) sich entge-
genzustellen, und es gilt, den Gegner „auszurotten
bis auf den letzten Stumpf" (358/445). Der aggres-
sive, militante Sprachgebrauch Heßlings, die Diffamierung und Bedrohung des Gegners findet in
dieser Rede ihren Höhepunkt, doch schon zuvor
stoßen wir auf ähnliche Äußerungen, die in ihrer
Parallelität zum Sprachgebrauch des Nationalso-
zialismus erschreckend sind. Schon früh wird Heßling bei den Neuteutonen an antisemitische Ideen
herangeführt, er lernt, daß „der jüdische Liberalismus die Vorfrucht der Sozialdemokratie sei" und
daß „die jüdischen Mitbürger ... das Prinzip der
Unordnung und Auflösung, des Durcheinander-

**Heßlings politi-
sche Perspektive:
Die Deutschen als
Herrenvolk**

**Aufwertung der
eigenen Position**

**Abwertung des
Gegners**

Militante Sprache

**Antisemitische
Gedanken**

87

werfens, der Respektlosigkeit: das Prinzip des Bösen selbst", (41/51) seien.

In seiner Rede auf der ersten Wahlversammlung der ‚Partei des Kaisers‘ kennzeichnet Heßling die Gegner dieser Partei als „vaterlandslose Gesellen" (290/358), als „die Vorfrucht des Umsturzes" (294/363); „der Pest des Umsturzes" aber gelte es, zu begegnen und den Kaiser von ihr zu „befreien". Da der Deutsche „keusch, freiheitsliebend, wahrhaftig, treu und tapfer" (294/364) sei, müsse „eine spartanische Zucht der Rasse" angestrebt werden, „Blödsinnige und Sittlichkeitsverbrecher waren durch einen chirurgischen Eingriff an der Fortpflanzung zu verhindern" (295/364).

Das Bild des Deutschen

Betrachten wir Heßlings Denk- und Verhaltensweisen, die zwar immer wieder durch satirische Elemente durchbrochen, verzerrt und lächerlich gemacht und damit – scheinbar – abgemildert werden, so erkennen wir die Entwicklung eines radikalen Weltbildes. Daß damit zugleich Kaiser Wilhelm II. getroffen wird, zeigt sich, wenn man die Herkunft der zentralen politischen Aussagen Heßlings überprüft. Zum größten Teil stammen sie abgewandelt aus Reden Kaiser Wilhelms II. Im Verlauf des Romans wird die Tendenz zur *Stereotypisierung* der Wirklichkeit immer offensichtlicher; so entlarvt beispielsweise die Wiederholung der tautologischen Charakterisierung des Kaisers als „persönlichste Persönlichkeit" die Klischeehaftigkeit des Denkens (anläßlich der Konfirmation seiner Kinder verwendete Kaiser Wilhelm II. diese Tautologie auf Christus bezogen – Schröder, 116).

Heßlings radikales Weltbild

Stereotypisierung der Wirklichkeit

Zur Stereotypisierung paßt die *Polarisierung* der Gesellschaft in zwei Lager, wie Heßling sie etwa unmittelbar nach der Übernahme der väterlichen Fabrik vornimmt: „Ich führe euch herrlichen Tagen entgegen. Diejenigen, welche mir dabei behilflich sein wollen, sind mir von Herzen willkommen; diejenigen jedoch, welche sich mir bei dieser Arbeit entgegenstellen, zerschmettere ich. ... Für mich", so fährt er fort, „ist jeder Sozialdemokrat gleichbedeutend mit Feind meines Betriebs und Vaterlandsfeind" (80/98). Damit proklamiert Heßling die Ansicht Kaiser Wilhelms II., er „kenne nur zwei Par-

Polarisierung der Gesellschaft

teien, die für ... (ihn) und die wider ... (ihn)" (98/121).

Die *Zweiteilung* der Welt, die verknüpft ist mit *Aufwertung* der eigenen und *Abwertung* der gegnerischen Position, kehrt deutlich in der letzten Rede Heßlings wieder.

Heßlings politisches Programm stützt sich auf *wenige Axiome* wie etwa „Deutschtum heißt Kultur" (249/307). „Der Wille des Königs ist das höchste Gebot" (291/359) oder „Deutsch sein heißt eine Sache um ihrer selbst willen tun" (358/445). Diese Grundsätze bedürfen keines Beweises, weil ihnen eine absolut gültige Wahrheit innezuwohnen scheint.

Politische Axiome

Diese Denkstruktur zielt auf die *Negation* aller anderen *Machtansprüche,* ja man geht sogar soweit, daß man behauptet, „Macht geht vor Recht". So wie der Kaiser als „der von Gott gesetzte Herr" (45/55) einen unumstößlichen Anspruch auf die Herrschaft zu haben scheint, sieht Heßling sich in seinem Betrieb: „Einer ist hier der Herr, und das bin ich. Gott und meinem Gewissen allein schulde ich Rechenschaft." (80/98) (Es handelt sich dabei um ein leicht verändertes Zitat aus einer Kaiserrede vom 4. 5. 1891 – vergl. Schröder, 188) Der Kaiser, die Herrschenden, Heßling glauben sich im *Alleinbesitz der absoluten Wahrheit:* damit ist es nicht mehr notwendig, sich mit dem politischen Gegner auseinanderzusetzen. Der politische Gegner ist der Feind, der ‚Erbfeind', der ‚vaterlandlos Geselle', den man „zerschmettern" (57/68), ausrotten, vernichten kann. Zumal die „von Gott geweihte ... Macht, gegen die man nichts machen kann" (358/445), nicht nur den Absolutheitsanspruch unbestreitbar macht, sondern auch keinen Zweifel am Sieg aufkommen läßt: „Darum kann es mit uns nie und nimmer das Ende mit Schrecken nehmen, das dem Kaiserreich unseres Erbfeindes vorbehalten war!" (357 f./444)

Alleinige Machtansprüche

Absolutheitsanspruch

Vernichtungswille

Die Herleitung der Macht von Gott scheint den militärischen Einsatz ohne Einschränkung zu rechtfertigen: „Die vaterlandslosen Feinde der göttlichen Weltordnung aber, die unsere staatliche Ordnung untergraben wollen, die sind auszurotten bis auf den letzten Stumpf." (358/445)

Göttliche Weltordnung

Exkurs:
Kaiser Wilhelms „Hunnen-Rede"
vom 27. 7. 1900

Obwohl Heßlings Rede zur Denkmaleinweihung ironisch durch die Naturmetaphorik gebrochen ist, wird der damalige Leser sich an dieser Stelle an die berüchtigte Rede Kaiser Wilhelms II. in Bremerhaven erinnert haben. Am 27. Juli 1900 verabschiedete der Kaiser deutsche Truppen, die in China an der Spitze einer internationalen Streitmacht die ausländerfeindliche Yihetuan-Bewegung (sogenannter „Boxer-Aufstand") niederschlagen sollten mit den Worten:

Preußische Tugenden: Manneszucht und Disziplin

„Eine große Aufgabe harrt eurer; ihr sollt das schwere Unrecht, das geschehen ist, sühnen. Die Chinesen haben das Völkerrecht umgeworfen. ... Bewährt die alte preußische Tüchtigkeit, *zeigt euch als Christen* im freudigen Ertragen von Leiden, möge Ehre und Ruhm euren Fahnen und Waffen folgen, gebt an Manneszucht und Disziplin aller Welt ein Beispiel.

Gnadenlose Vernichtung

Ihr wißt es wohl, ihr sollt fechten gegen einen verschlagenen, tapferen, gut bewaffneten, grausamen Feind. Kommt ihr an, so wißt: *Pardon wird nicht gegeben, Gefangene werden nicht gemacht.* Führt eure Waffen so, daß auf tausend Jahre hinaus kein Chinese mehr wagt, einen Deutschen scheel anzusehen. Wahrt Manneszucht. Der Segen Gottes sei mit euch. ... *Öffnet der Kultur den Weg ein für allemal!* (Johann, 90 f.)

Daß diese sprachliche Vorbereitung von Kriegshandlungen durch den Aufbau des Feindbildes und die Rechtfertigung des Eingreifens die Kriegshandlungen tatsächlich beeinflußt hat, beweisen Augenzeugenberichte über das Vorgehen deutscher Soldaten aus der Stadt Tianjin. Im Ausland wurde diese Rede stark beachtet, und vor allem im 1. Weltkrieg galt ihr Inhalt als Beweis der Brutalität der Deutschen.

Heßling und die Frauen

Heßling und seine Mutter

Der Anfang des Romans belegt, daß die prägende Kraft vom Vater ausgeht: das „weiche Kind, das am liebsten träumte" (S. 5), liebt und fürchtet den Vater.

Der Vater als prägende Kraft

Heßlings Mutter wird erstmals erwähnt, als sie ihren Sohn „nötigen (will), vor dem Vater hinzufallen und ihn um Verzeihung zu bitten" (6). Schon hier wird erkennbar, daß sie keinen Gegenpol zum Vater darstellt, daß sie vielmehr aus einer schwachen Position heraus die Macht des Vaters unterstützt.

Die Schwäche der Mutter

Instinktiv erfaßt das Kind diese Schwäche, die zugleich die eigene Schwäche ist, und so fühlt Heßling „gar keine Achtung vor seiner Mutter. Ihre Ähnlichkeit mit ihm selbst verbot es ihm. Denn er achtete sich selbst nicht" (7).

Die Mutter zeigt kindliche Verhaltensweisen: sie lügt, nascht Süßigkeiten, flüchtet sich in Märchenwelten und ist erfüllt von unbestimmter Angst. Sentimentalität ist ihr Schutz vor der Wirklichkeit, und diesen Schutzmechanismus gibt sie an ihren Sohn weiter, der auch als Erwachsener das unechte Gefühl kultiviert, um der Wirklichkeit zu entfliehen:

Wesenszüge der Mutter

Sentimentalität als Flucht vor der Wirklichkeit

> „,Ich passe nicht in diese harte Zeit', dachte Diederich, aß Marzipan von seinem Teller und träumte in die Lichter des Weihnachtsbaumes. ,Ich bin doch gewiß ein guter Mensch. Warum ziehen sie mich in so häßliche Dinge hinein wie dieser Prozeß, und schaden mir dadurch auch geschäftlich, so daß ich, ach lieber Gott!, den Holländer, den ich bestellt habe, nicht werde bezahlen können.' Dabei schnitt es ihm kalt durch den Leib, Tränen traten ihm in die Augen. ... Er öffnete das Klavier. ... Aus Volksliedern, Beethoven und dem Kommersbuch klang es durcheinander in der Dämmerung, die sich traulich davon erwärmte, so daß einem wohlig dumpf im Kopf ward." (141/172 f.)

Die Mutter sucht ihren Sohn kindlich-hilflos und abhängig zu halten, umgekehrt gefällt es ihm –

Heßlings Suche nach Geborgenheit

trotz der grundsätzlichen Skepsis gegenüber der Mutter – in dieser Rolle Geborgenheit zu finden: „Als Diederich am Christkind zu zweifeln anfing, ließ er sich von der Mutter bewegen, noch ein Weilchen zu glauben, und er fühlte sich dadurch erleichtert, treu und gut." (7)

Die Strenge des Vaters, seine strafende Autorität, und die Sentimentalität der Mutter lassen in Heßling zunehmend Unsicherheiten im Umgang mit seiner Umwelt entstehen. Am wohlsten fühlt er sich in Gruppen, in denen er anonym bleiben kann. Dabei ist er bereit, sich vollständig zu unterwerfen (vergl. 37/45) „und die persönliche Würde auf ein Mindestmaß herabzusetzen" (36/44).

Die Ich-Schwäche, die sich hier andeutet, macht ihn immer abhängiger von stärkeren Autoritäten, die schließlich in der Kaiserverehrung ihren Höhepunkt findet.

Heßlings Beziehung zu Agnes

Das erste Zusammentreffen mit Agnes kennzeichnet die Angst, die Heßling vor menschlichen Beziehungen entwickelt hat. Als Göppel ihm seine Tochter Agnes vorstellt, fühlt Heßling sich „feucht vor Ungemütlichkeit" und ist „überzeugt, sein Aufbruch sei das einzige, womit er das junge Mädchen interessieren könne" (12/14).

Heßlings ambivalente Gefühle

Erschien ihm Göppels Tochter „auf den ersten Blick durch Schönheit und Eleganz gleich furchtbar" (ebd), so entdeckt er beim zweiten Zusammentreffen, daß Agnes „eigentlich ... nicht hübsch" (14/16) ist, damit verliert sie „viel von ihren Schrecken". Die schwankende Haltung setzt sich in den folgenden Treffen fort. Er fühlt sich angezogen, gleichzeitig aber wieder abgestoßen: „Wenn man nur nicht immer ihre Haut anfassen müßte! Sie ist widerlich weich." (13/15 f.) Seine Gefühlsunsicherheit, die mitbegründet ist in seiner Ich-Schwäche, ist für das vorläufige Scheitern der Beziehung verantwortlich. Aus Angst vor Mahlmann flüchtet Heßling nach Hause und gibt Agnes auf. Dabei lastet er sein eigenes Versagen Agnes an

Umdeutung der Wirklichkeit zum Selbstschutz

und versucht zum Selbstschutz die Wirklichkeit umzudeuten, ein Verfahren, dessen er sich noch häufiger bedienen wird: „Er war ihr auf den Leim gegangen. So machten es die Mädchen: daß sie manchmal mit einem so taten, und dabei wollten sie einen nur mit einem Kerl auslachen. Diederich war sich tief bewußt, daß er es mit so einem Kerl nicht aufnehmen könne." (20/24) Da ihn somit keine Schuld am Scheitern der Beziehung trifft, kann er sich in Selbstmitleid ergehen. Heßling „weinte viel. Er versuchte sogar zu dichten." (21/25)

Agnes hat in Heßling ein Gefühl angeregt, das zeigt, daß es Alternativen zu seiner Entwicklung gibt. Noch ist der Untertan nicht endgültig geprägt. Auch das Familienleben der Göppels öffnet ihm erstmals einen Lebenskreis, „dessen Kern nicht aus Macht und Gehorsam besteht. Er erlebt eine Atmosphäre anspruchsloser Freundlichkeit." (Scheibe, 213) Gerade die fehlende Ordnungskraft der Machtstrukturen aber verunsichert Heßling. In dieser Phase der Unsicherheit, des Unbehagens, der Gefühlsschwankungen, kommt ihm die feste Ordnung der Korporation entgegen. Hier herrscht Eindeutigkeit, welche hilft, die komplizierten menschlichen Beziehungen zu vereinfachen: „Er sah sich in einen großen Kreis von Menschen versetzt, deren keiner ihm etwas tat oder etwas anderes von ihm verlangte, als daß er trinke. ... Alles ward laut kommandiert, und wenn man es richtig befolgte, lebte man mit sich und der Welt in Frieden." (22/26) Abgerundet wird diese Erfahrung durch die Sozialisationsinstanz Militär.

Die ordnende Kraft der Korporation

Derart geformt trifft Heßling im zweiten Kapitel erneut auf Agnes. Wieder gelingt es Agnes, in Heßling menschliche Gefühle zu wecken, doch deutlicher als früher vermag Heßling sich auf überlegene Prinzipien zurückzuziehen. Die anfängliche „Beklommenheit, wie auf seinem letzten Spaziergang mit Agnes" (49/59) macht einer gewissen Überlegenheit Platz, als er Agnes „flehenden Blick" (51/62) wahrnimmt, mit dem sie Heßling ihre Liebe andeutet. Kurze Zeit ermöglicht Agnes' Liebe auch Heßling, seine Gefühle unvermittelt und menschlich zu zeigen, doch als Agnes sich Heßling hingibt,

Wiedersehen mit Agnes

Liebe und Gefühlskälte

93

flüchtet er in sein festgefügtes Ordnungssystem: „Ich bin mir der übernommenen Verantwortung vollkommen bewußt." (52/63) Zugleich ist durch das Geständnis von Agnes, daß sie Heßling liebt, das Ende der Beziehung angelegt, denn „Agnes schien ihm verkleinert und sehr im Wert gesunken, seit er den Beweis hatte, daß sie ihn liebte. Auch sagte er sich, einem Mädchen, das so etwas tat, dürfe man nicht alles glauben." (52 f./63) Anders als bei ihrer ersten Begegnung ist Heßling, nun durch Korporation und Militär geprägt, in der Lage, sich auf vorgegebene Normen zurückzuziehen. Die Argumente, die Heßling in der Aussprache mit Agnes' Vater anführt, sind hier schon angelegt. Zugleich aber spricht aus Heßlings Verhalten seine Angst vor Nähe, er kann sich Geliebtwerden nur als Abhängigwerden vorstellen.

Heßlings Angst vor menschlicher Nähe

Negation der Wirklichkeit

Die echten Gefühle, sein augenblickliches Glück versucht Heßling zu unterdrücken, indem er Agnes' Verhalten negativ umdeutet: „So ein Weib ist scheußlich raffiniert. Lange tu ich da nicht mit." (54/65) Dennoch vermag er sein Gefühl nicht völlig zu unterbinden, „er fühlte sich verwandelt, leicht, wie vom Boden gehoben. ‚Ich bin ganz furchtbar glücklich', dachte er." (54/65) In diesem Moment wird ihm auch schlagartig bewußt, daß er sich selbst fremd geblieben ist, bis Agnes kam. Sogar die Begegnung mit dem Kaiser stellt sich nun in einem anderen Licht dar: „Agnes hatte recht! War er selbst es, der jemand um einiger Worte willen geschlagen hatte, geprahlt, gelogen, sich töricht abgearbeitet und endlich, zerrissen und sinnlos, sich in den Schmutz geworfen hatte vor einem Herrn zu Pferd, dem Kaiser, der ihn auslachte? Er erkannte, daß er, bis Agnes kam, ein hilfloses, bedeutungsloses und armes Leben geführt habe." (54/65)

Selbstbesinnung

Aus diesem Gefühl heraus schreibt er Agnes einen Liebesbrief, den er jedoch am nächsten Morgen zurückhält, in der Furcht, er „habe sich peinliche Übertreibungen ... zuschulden kommen lassen" (55/66). „So hohe Worte waren unmännlich und unbequem" (ebd), damit zieht Heßling sich in sein vertrautes Weltbild zurück.

Ähnlich reagiert er, als er sich dazu verleiten läßt, mit Agnes Bilder zu betrachten, in der Phantasie der Umwelt zu entfliehen und von „Liebe ohne Ende" (58/71) zu sprechen: „Was er hier sagte, war von einer höheren Wahrheit als alles, was er wußte. Der eigentliche Diederich, der, der er hätte sein sollen, sprach wahr." (59/71) Doch sofort schlägt dieses romantische Gefühl um in Ablehnung und Abwehr: „Den ganzen Nachmittag bereute Diederich nun. Solche Sachen waren ungesund, führten zu nichts und machten Ungelegenheiten." (59/71) Ähnlich wie die gefühlsseligen Stunden mit der Mutter sind ihm seine sentimentalen Augenblicke peinlich, sie passen nicht in die erlernte Rolle und sind aus dieser Rolle heraus nur mit Ablehnung und Zurückweisung zu bewältigen. Das letzte Zusammentreffen mit Agnes steht noch einmal unter der Spannung von kurzen Momenten der Aufrichtigkeit und der Ablehnung. Jedoch die Momente des Vertrauens sind überschattet vom Mißtrauen. Wahre Gefühle verunsichern den Untertan, er versucht sie aus seinen Normen zu erklären: „Auf den ganzen Trick war sie doch nur verfallen, weil sie durchaus geheiratet werden wollte!" (70/86) Verlogen und zynisch fertigte er schließlich auch den Vater von Agnes ab: „Mein moralisches Empfinden verbietet es mir, ein Mädchen zu heiraten, das mir seine Reinheit nicht mit in die Ehe bringt." (75/91) Heßling ist es gelungen, seine Gefühle zu unterdrücken, sie umzuwerten und sein Verhalten aus dem Erlernten zu legitimieren, „man mußte stark sein, ... ein Mädel wie Agnes, die gerade so verrückt war wie seine Mutter, würde ihn ganz untauglich gemacht haben für diese harte Zeit" (75/92).

Abwehr der Gefühle

Profit und Sexualität –
Guste und Käthchen

Nicht nur äußerlich sind sich die beiden Frauen so ähnlich, daß es Heßling schwer fällt, sich zwischen ihnen zu entscheiden, auch eine resolute und selbstbewußte Art ist beiden eigen. Schon bei der

Gustes Vorzüge

ersten Begegnung erhält Heßling von Guste eine Ohrfeige, die ihm Respekt einflößt. Käthchen wiederum erstaunt ihn mit ihrem „Gelächter, ganz frei aus dem Herzen" (198/243), und er muß erkennen, daß „es ... also noch andere Welten außerhalb der bürgerlichen" (199/245) gab.

Guste ist eingebunden in die bürgerliche Ordnung, ihr Erbe macht sie zur begehrten Heiratskandidatin; Käthchen hingegen stellt sich gegen die bürgerlichen Normen und regt Heßlings sexuelles Verlangen an. Erst die finanziellen Überlegungen lassen es Heßling angebracht erscheinen, Guste zu heiraten. Damit eröffnet sich zugleich die Möglichkeit, Käthchens käufliches Angebot zu nutzen.

Käufliche Liebe und Scheinmoral

Indem Heßling säuberlich zwischen Familienleben und käuflicher Liebe trennt, entlarvt sich seine Scheinmoral: „Seine Auffassung vom Eheleben war die strengste. ... Die Frauen waren der Kinder wegen da." (337/419) Guste hat sich ihrem Mann unterzuordnen und dient vorwiegend dem „höheren Zweck, ... Seiner Majestät ... tüchtige Soldaten (zu) liefern." (278/341)

Nur gelegentlich vollzieht sich die Kehrtwendung der Macht, und „in einer unerhörten und wahnwitzigen Umkehrung aller Gesetze durfte Guste ihm befehlen: ‚Du sollst meine herrliche Gestalt anbeten!' – und dann, auf den Rücken gelagert, ließ er sich von ihr in den Bauch treten." (340/422) Seine perversen Wünsche darf Guste befriedigen, ohne jedoch hieraus dauerhaft Macht zu beziehen, am nächsten Morgen „setzt Diederich ihrem kurzen Machtdünkel, falls sie noch eine Erinnerung daran bewahrte, ein jähes Ende" (341/422).

Gerade die Augenblicke des Machtverlustes sucht er durch Bordellbesuche bei Käthchen zu kompensieren, zugleich aber ist die außereheliche Verbindung zu Käthchen die Verlockung des „entfesselten Weibes, ... so fremd der Biederkeit, die Diederich am Grund seines eigenen Herzens wußte" (199/245). Sie eröffnet ihm einen Blick „ins Bodenlose" (ebd).

Figurenkonstellation

Das bürgerliche Lager

Freisinnige und Konservative

Erst Heßlings Wirken in Netzig spaltet das klein-
städtische Bürgertum in gegnerische Fraktionen.
Zwar gibt es vor seinem Erscheinen Gruppierun-
gen, die sich voneinander abheben, etwa die Mitglieder der Freimaurerloge, den Arzt Dr. Heuteufel, den Fabrikanten Lauer, den Landgerichtsrat
Fritzsche und den jüdischen Warenhausbesitzer
Cohn, doch man wahrt kleinstädtischen Anstand,
grüßt sich mit ‚tiefgezogenen Hüten‘ und trifft sich
über die politischen Einstellungen hinweg an einem Tisch im Ratskeller.

Heßlings politisches Wirken beginnt mit dem Majestätsbeleidigungsprozeß, der – nach anfänglicher
Billigung durch einige konservative Kräfte, Zillich,
Jadassohn, Kühnchen und Kunze – von der gesamten Netziger Honoratiorengesellschaft abgelehnt wird. Noch zu Beginn des Prozesses sind die
Bürger Netzigs fast einhellig über den ‚Denunzian-
ten‘ Heßling empört, bei der Urteilsverkündung
dagegen wird die Verurteilung Lauers von fast allen als „die natürlichste Lösung" (184/227) hinge-
nommen. Heßlings verlogener Feldzug für den neu-
en Geist hat erste Früchte getragen: „Die Aufgabe
der modern gesinnten Männer ist es, auch Netzig
dem neuen Geist zu erobern, im Sinne unseres
herrlichen jungen Kaisers, der jeden Treugesinn-
ten, er sei edel oder unfrei, zum Handlanger seines
erhabenen Wollens bestellt hat!" (176/217)

Daß Politik in Wahrheit nur dem eigenen Vorteil
dient und daß die politischen Parolen die wirtschaftlichen Interessen verdecken sollen, beweist
Heßlings Einsatz für Napoleon Fischers Reichs-
tagsmandat. Nur mit Hilfe der Partei des Kaisers
gelingt es, den Freisinnigen den Sitz im Reichstag

**Das kleinstädti-
sche Bürgertum**

Freimaurer

**Politik und
Intrigen**

Die Macht des Erfolgs

abzunehmen. Konservative und Sozialdemokraten gehen ein geheimes Bündnis ein, das auf Betrug und Erpressung basiert, um Macht und wirtschaftlichen Erfolg zu sichern. Doch auch die freigeistigen Kräfte geben allmählich nach, und da „fast alle Agierenden ihre Geschäfte mit der bestehenden Gesellschaftsordnung machen und sie nicht in Frage stellen, sind ihre Konflikte auch nur die von kalkulierten Opportunisten untereinander" (Emmerich, 62).

So zeigt der Schluß des Romans folgerichtig eine deutsche Kleinstadt, die unerbittlich von politischen Andersdenkenden gesäubert wird. Kapital und Justiz gehen hierbei eine unheilvolle Allianz ein: „gemeinsam beeiferten sie sich, die Stadt von Schlechtgesinnten zu reinigen, besonders von solchen, die die Pest der Majestätsbeleidigungen weiterverbreiteten. Diederich mit seinen vielfachen Beziehungen machte sie ausfindig, worauf Jadassohn sie ans Messer lieferte." (344/428)

Heßlings Sieg

Ernstzunehmende Gegner hat Heßling nicht mehr zu fürchten, „denn auch Cohn und Heuteufel samt ihren näheren Freunden und Gesinnungsgenossen hatten im Laufe der Zeit sich eingefunden, einer nach dem anderen und ohne viel Aufsehen, weil es eben auf die Dauer niemandem möglich war, den Erfolg zu bestreiten oder zu übersehen, der den nationalen Gedanken beflügelte und immer höher trug" (341/424). Damit hat die Netziger Bürgerschaft am Ende des Romans wieder jene Gemeinsamkeit erreicht, die Heßling vorfand, allerdings hat der Fabrikant ihr seinen politischen Willen aufgezwungen, der Untertan ist zum Machtfaktor geworden.

Die Bucks

Die beiden Gegenpole des Romans, Diederich Heßling und Wolfgang Buck, zeugen von der Polarisierung des Bürgertums in zwei Typen: den erfolgsorientierten, berechnenden, skrupellosen, machtbesessenen und machthörigen Bürger Heßling, dem der ästhetisierende, reflektierende, in seine Ideen

verliebte und unentschlossene Bürger Wolfgang
Buck gegenüber steht.

Zwar spiegeln sich die Ansichten Heinrich Manns
in Wolfgang Bucks Gesprächen mit Heßling und in
dessen Plädoyer im Prozeß gegen Lauer wider,
doch wird Wolfgang Buck in keiner Weise ideali-
siert dargestellt.

Die Unentschlossenheit Bucks, der manchmal Ge-
neral werden möchte und manchmal Arbeiterführer, macht ihn zum dekadenten Vertreter des Bürgertums. Der Ästhet Buck widmet sich lieber dem
Theater als seiner Rechtsanwaltspraxis, weil er das
Theater als ehrliche Komödie dem unechten Komödiantentum vorzieht. Am Ende des Romans jedoch kommt er zur Einsicht, daß das Theater nicht
nur den Schauspieler, sondern auch den Zuschauer
im Auge behalten muß. Seinem Vater gegenüber
gesteht Wolfgang Buck, daß er die Bühne nur des-
wegen wieder verlassen habe, weil „ein Polizeipräsident geweint hatte" (347/431). Er muß erkennen,
daß das Publikum nur für kurze Zeit abgelenkt ist:
„Alles Ungestüm des Geistes rührt nie an euer Leben." (348/432) Der Polizeipräsident scheint für
den Augenblick betroffen, doch die Wirkung des
Theaters erreicht nicht die Wirklichkeit. „Nachher
aber liefern sie Revolutionäre aus und schießen auf
Streikende." (348/432) Theatralik und Ästhetizismus dienen der Machterhaltung, die kathartische
Wirkung des Theaters versagt vor diesem Publikum.

Wolfgang Buck ist ein hervorragender Kritiker
Heßlings und Diagnostiker der Zeit, aber ihm fehlen Tatkraft und kämpferische Einstellung. Resi-
gnierend zieht er sich zurück und arrangiert sich:
„Wir sollten uns leicht und klein nehmen heute, es
ist die sicherste Haltung angesichts der Zukunft."
(347/431) Ironisch stellt er nach der Verurteilung
einer Klavierlehrerin wegen Majestätsbeleidigung
fest, „die Verurteilung (sei) durchaus angemessen,
denn sie befriedige das monarchische Gefühl. ‚Einen Freispruch hätte das Volk nicht verstanden. ...
Die Monarchie ist unter den politischen Regimen
eben das, was in der Liebe die strengen und energischen Damen sind. Wer dementsprechend veran-

**Der junge Buck
als dekadenter
Vertreter des
Bürgertums**

**Bucks Diagnose
der Zeit**

lagt ist, verlangt, daß etwas geschieht, und mit Milde ist ihm nicht gedient." (345/428) Die Ironie wirkt hier zynisch, weil Wolfgang Buck als Rechtsanwalt damit den Verlust des allgemeinen Rechtsbewußtseins eingesteht und zu akzeptieren scheint.

Der alte Buck – Relikt der bürgerlichen Revolution

Das liberale Bürgertum, das die bürgerliche Revolution von 1848 mitgetragen hat, wird in der Figur des alten Buck sichtbar. Er ist die einzige Hauptfigur des Romans, die Sympathien genießt. Heinrich Manns Idealisierung der bürgerlichen Revolution wird damit ebenso deutlich wie seine Abneigung des „Widergeistes", worunter er Materialismus und Macht versteht. Doch die Ideale des alten Buck sind nicht auf die Zukunft gerichtet, sie sind rückwärtsgewandt, und ihnen fehlt damit die Dynamik, dem Aufschwung der nationalen Bewegung angemessen entgegenzutreten.

Heßlings geheime Bewunderung

Überraschenderweise aber ist Heßling nur von den Bucks beeindruckt und wird selbst dann noch verunsichert, als sie zur Bedeutungslosigkeit herabgesunken sind, weil er spürt, daß hinter den Gedanken des alten Buck Wahrhaftigkeit und Idealismus stehen. Nach einem zufällig belauschten Gespräch von Vater und Sohn, in dem der alte Buck noch einmal sein politisches Credo formuliert, hat Heßling „das Gefühl, aus einem bösen, wenn auch größtenteils unbegreiflichen Traum zu kommen, worin an den Grundlagen gerüttelt worden war. ... Diederich fühlte, es wäre besser gewesen, sie hätten einen gesunden Lärm im Lande geschlagen, als daß sie hier im Dunkeln diese Dinge flüsterten, die doch nur von Geist und Zukunft handelten." (348f./433)

Der Adel

Repräsentanten der Macht: der Adel

Die eigentlichen Repräsentanten der Macht bleiben die Adligen. Fraglos ist die Anerkennung, und selbst Heßling, der mit seiner Intrige Wulckow kurzfristig zum Wanken bringt, ist ‚befriedigt', als er feststellt, daß „die Macht ... auch unter den modernen Lebensbedingungen einer großzügigen Öffentlichkeit, unangreifbar wie je" (351 f./437) bleibt. Wäre dies anders, wäre ein Teil des Weltbildes brüchig, das Heßling sich aufgebaut hat, denn Wulckow vertritt in seiner Funktion den Machtanspruch des Kaisers, dem sich Heßling vollständig unterordnet. Entsprechend ist die Begeisterung für den Aufmarsch der adeligen Generäle und des Flügeladjutanten des Kaisers bei der Denkmalfeier, die in Heßlings überwältigtem Ausruf gipfelt: „Solange wir solche Herren haben, werden wir der Schrecken der ganzen Welt sein!" (354/440)

Daß diese Schicht ebenso korrupt ist wie das Bürgertum, hat Heßling erfahren, als er Wulckow dazu bewegen wollte, sein Grundstück zu kaufen, da an dieser Stelle das Kaiser-Wilhelm-Denkmal errichtet werden sollte. Wulckow scheint dies als unverschämte Zumutung zu empfinden: „So ein Koofmich mutet dem Königlichen Regierungspräsidenten zu, er soll seine schmutzigen Geschäfte mitmachen!" (258/318) Doch einige Tage später erscheint in seinem Auftrag der Premierleutnant a. D. Karnauke, um das Geschäft abzuschließen. In diesem Augenblick ist selbst Heßling von der Heuchelei Wulckows überrascht: „Wulckow, starrend von Beamtenehre, unbestechlich wie das Jüngste Gericht! ... Mit einem trostlosen Blick überflog er nochmals die Gestalt dieses Karnauke... Den schickte Wulckow, dem lieferte er sich aus!" (272/337) Erst als Karnauke Heßling den Kronorden vierter Klasse überreicht, ist Heßlings Welt wieder in Ordnung. Mit dem Kronorden erhält Heßling die Gewißheit, daß die Macht einzubinden ist in den geschäftlichen Ablauf, auch er kann sich auf die Macht verlassen, wenn er seinerseits verläßlich ist. Wulckows Geschäftsinteresse und Heßlings Interessen decken sich, dabei fällt es der Macht leichter, Dank abzustatten, indem sie Ehrungen verteilt. Doch die Macht in ihrem korrupten Handeln ist nicht ungefährdet, wie Napoleon Fischers Entlarvung der „Schiebungen des Regierungspräsidenten Wulckow in Netzig, seinen Riesengewinn am Grundstück des Kaiser-Wilhelm-Denkmals" (351/435 f.) belegt. Erst Heßlings Eingreifen stellt die ‚Ord-

Korruption und Heuchelei – Wulckows Spekulation

Der Orden als Signal

Verlogener Ehren-kodex

nung' wieder her, von deren Funktionieren Heßling profitiert.

Auch in ihrem menschlichen Verhalten ist die Welt des Adels vom Bürgertum nur dadurch unterschieden, daß ihre Verlogenheit als Ehrenkodex eher akzeptiert wird. Als der Leutnant von Brietzen Heßlings Schwester Emmi in ähnlicher Weise verläßt wie Heßling Agnes und Heßling dann in ähnlicher Weise abfertigt wie dieser den Vater von Agnes, lehnt sich Heßling kurze Zeit auf, um sich dann einzugestehen, „wer treten wollte, mußte sich treten lassen, das war das eherne Gesetz der Macht" (306/378).

Napoleon Fischer –
Die Karikatur des Sozialdemokraten

Napoleon Fischer – Karikatur eines Gewerkschaftlers

Auf den ersten Blick mag irritieren, daß Heinrich Mann auch im sozialdemokratischen Lager keine positive Figur entwickelt hat. Stellvertretend für die Arbeiterbewegung steht die Karikatur eines Gewerkschaftlers, Napoleon Fischer, der im politischen Intrigenspiel seinen bürgerlichen und adeligen Gegenspielern in nichts nachsteht. Vor allem in der DDR wurden vielfältige Vermutungen angestellt, um Heinrich Manns Darstellung zu rechtfertigen; galt es doch, einen der herausragenden DDR-Klassiker, der überdies Pflichtlektüre für die 9. Klasse war, „in Schutz" zu nehmen. Als ein Beispiel soll Geißlers Ansicht genügen:

> „Die durchgängig satirische Behandlung zwang Heinrich Mann später, auf die positiven, kämpferischen Züge in der Darstellung der Arbeiter zu verzichten." (Geißler, 36)

Übersehen wird hier, daß der alte Buck keineswegs satirisch behandelt wird und daß weiterhin die Arbeiter in Heßlings Fabrik durchaus positive Züge aufweisen.

Vielmehr wird in der Figur des Gewerkschaftlers Heinrich Manns Ansicht erkennbar, die er in seinem Essay „Kaiserreich und Republik" (1911) äußerte:

> „Die Arbeiter hatten (ihren gefühlsmäßigen Nationalismus) im selben Maß wie die Bürger; auch sie überzeugt vom Recht der Macht, auch sie durchdrungen, die Macht sei hier... Klassenkämpfe geschehen an der Oberfläche, in der Tiefe sind alle einig." (Heinrich Mann: Kaiserreich und Republik, 183)

Erzählperspektive

Auktoriale Erzähl-haltung

Der Anfang des Romans beschreibt die Entwicklung Heßlings in stark *geraffter Form*. Der *auktoriale (allwissende) Erzähler* kommentiert das Verhalten und die Entwicklungsphasen Heßlings, dabei wird die Distanz spürbar, die der Erzähler seiner Figur gegenüber einnimmt.

> „Diederich war so beschaffen, daß die Zugehörigkeit zu einem unpersönlichen Ganzen, zu diesem unerbittlichen, menschenverachtenden, maschinellen Organismus, der das Gymnasium war, ihn beglückte." (8)

Der Erzähler kennt wichtige Eigenschaften seiner Hauptfigur, er weiß um seine Schwächen und seine geheimen Regungen. Schüler, die sich gegen die Macht wenden, indem sie Lehrer Spitznamen verleihen oder „aufrührerische ... Reden" (10/12) führen, erregen in Heßling „eine gewisse lasterhafte Befriedigung" (ebd); zeigt er diese Schüler an, so

Beeinflussung durch den Erzähler

ist es ihm „als sühnte er (durch die Anzeige) die eigene sündhafte Regung" (ebd). Der auktoriale Erzähler erfüllt

> „neben seiner Aufgabe als Vermittler der Geschichte und als ihr Kommentator auch eine rhetorische Funktion. Seine Einmengungen üben ... einen vom Leser nicht immer bewußt wahrgenommenen Einfluß auf ihn aus. Sie regen seine Erwartung bezüglich der Geschichte in einer ganz bestimmten Richtung an, lenken sein Interesse, pflanzen Keime für Zweifel im Hinblick auf das Verhalten eines Charakters." (Stanzel, 20)

Insofern die Position des Erzählers der Einstellung des Autors gegenüber dem Typus des Untertans sehr nahe kommt, darf im vorliegenden Fall der Erzähler durchaus als Sprachrohr des Autors gesehen werden.

Nach der Darstellung der Jugend- und Schulzeit tritt die *personale Erzählhaltung* stärker in den Vordergrund, mit dieser Erzählhaltung geht eine starke *szenische Darstellungsweise* einher.

Personale Erzählhaltung Szenische Darstellung

> „Aber Frau Heßling war in Unruhe. ‚Bist du bereit, mein Sohn?' fragte sie. ‚Unsere Leute erwarten dich.' Diederich trank sein Bier aus und ging, an der Spitze der Seinen, hinunter. Der Hof war sauber gescheuert, den Eingang der Fabrik umrahmten Kränze..." (S 79/97)

Allerdings greift auch später immer wieder der auktoriale Erzähler kommentierend ein, um Heßlings Verhalten, seine Einstellung, seine Gefühle zu beschreiben. Als dieser beispielsweise mit Agnes von „dem sorglosen Glück in sonniger Ferne, von Liebe ohne Ende" (58/71) spricht, zeigt der Erzähler die in Heßling angelegte Möglichkeit der Zukunftsgestaltung auf:

> „Aber was er hier sagte, war von einer höheren Wahrheit als das, was er wußte. Der eigentliche Diederich, der, der er hätte sein sollen, sprach wahr." (59/71)

Ähnlich widersprüchlich wird Heßlings Verhältnis zum Militär durch Erzählerkommentare geschildert:

> „Diederich fühlte wohl, daß alles hier, die Behandlung, die geläufigen Ausdrücke, die ganze militärische Tätigkeit vor allem darauf hinzielte, die persönliche Würde auf ein Mindestmaß herabzusetzen. Und das imponierte ihm; es gab ihm, so elend er sich befand, und gerade dann, eine tiefe Achtung ein und etwas wie selbstmörderische Begeisterung. Prinzip und Ideal war ersichtlich das gleiche wie bei den Neuteutonen, nur ward es grausamer durchgeführt." (36/44)

Die *personale Erzählhaltung* zeigt uns die Welt aus dem Blickwinkel Heßlings, diese Erzählsituation soll dem Leser die Illusion eröffnen,

Heßlings Sicht der Welt

> „er befände sich selbst auf dem Schauplatz des Geschehens oder er betrachte die dargestellte Wirklichkeit mit den Augen einer Romanfigur

105

(Stanzel, 17), ‚im personalen Roman wird gezeigt, vorgeführt, dargestellt..., d. h. szenisch vorgeführt oder im Bewußtsein einer Romangestalt gespiegelt'." (ebd, 40)

Dialoge als entlarvendes Mittel

Die szenische Gestaltung kann dabei als ein wesentliches Merkmal des Romans gesehen werden. Die Figuren entlarven sich in ihren Dialogen durch Sprache und Inhalt selbst oder demaskieren sich gegenseitig (vergl. Heßlings Gespräche mit Agnes, mit dem jungen und dem alten Buck, mit Napoleon Fischer, mit dem Bürgermeister und Jadassohn, mit Göppel und dem Leutnant von Brietzen und mit Wulckow). Allerdings verhindern die satirischen Elemente, daß der Leser sich mit Heßlings Perspektive wirklich identifiziert. Die ironische Stilhaltung läßt die personale Erzählsituation nur zum Teil wirksam werden, denn hinter den satirischen Elementen wird der Erzähler spürbar. Die satirischen Erzählerkommentare, in denen die auktoriale Haltung immer wieder durchbricht, verstärken diese Distanzierung des Lesers. Nach den nächtlichen Ausschweifungen mit Guste wird die Beziehung Heßlings zu seiner Frau wieder zurechtgerückt:

Distanzierung durch Ironie

> „Auch sonst war dafür gesorgt, daß die ehelichen Beziehungen nicht allzusehr zum Vorteil Gustes ausschlugen, denn jeden zweiten, dritten Abend, manchmal noch öfter, ging Diederich fort zum Stammtisch in den Ratskeller, wie er sagte, aber das stimmte nicht immer." (341/423)

Distanzierung selbst in der erlebten Rede

Selbst dort, wo die Gedanken Heßlings unmittelbar zum Ausdruck kommen, in der *erlebten Rede,* erzeugt der Autor durch die Art der Darstellung einen zwiespältigen Eindruck. Zwar wird Heßlings ureigenste Sicht der Dinge wiedergegeben, aber durch den Heßling eigenen, übertriebenen, z. T. aggressiven Sprachstil:

> „Das weitere konnte man an den Fingern abzählen. Telramund machte sich einfach unmöglich. Gegen die Macht unternahm man eben nichts. ... Der Hort der guten Gesinnung ward schwungvoll gefeiert, die Umstürzler mochten den deutschen Staub von ihren Pantoffeln schütteln." (267/330)

Die erlebte Rede als Wiedergabe innerer Vorgänge, z. B. Gedanken einer Handlungsfigur in der 3. Person Indikativ Präteritum, gibt nicht nur Einblick in die Innenwelt der Figur, sondern sie dient auch der Entlarvung.

Weiteren Einblick in Heßlings Inneres erhalten wir durch die *Wiedergabe seiner Gedanken* etwa beim Besuch Wulckows. Heßling

**Einblick in Heß-
lings Gedanken**

> „dachte, mit unterdrücktem Keuchen: ‚Wer bin ich, daß ich mir das muß bieten lassen? Mein letzter Maschinenschmierer läßt sich das von mir nicht bieten. ... Dieser ungebildete Flegel hat mich nötiger als ich ihn!'" (253/311)

Heßlings Gedanken in dieser Situation wechseln zur erlebten Rede, die allerdings in deutlicher Nähe zum Erzählerkommentar steht:

> „Alles was er heute nachmittag erlebt hatte, nahm den übelsten Sinn an. Man hatte ihn verhöhnt, der Bengel von Leutnant hatte ihm den Rücken geklopft! Diese Kommißköpfe und adeligen Puten hatten die ganze Zeit von ihren albernen Angelegenheiten geredet". (ebd)

Vor allem der letzte Satz verrät wieder deutlich Heßlings Sprachstil.

Satirische Elemente des Romans

Ziele der Satire

Seit ihrer Entstehung zielt die Satire darauf ab, gesellschaftliche Mißstände und Widersprüche anzugreifen, den Widerspruch zwischen Sein und Schein, zwischen Anspruch und Wirklichkeit aufzudecken. Sie gehört damit zur zeitkritischen Literatur und unterliegt dabei der Gefahr, sich in zeitbezogenen Details so zu verlieren, daß sie rasch an Aktualität und an Verständlichkeit abnimmt.

In dem Maße allerdings, in dem die Satire mit utopischen Entwürfen verknüpft ist, gewinnt sie über die Tagesaktualität hinaus an *Bedeutung,* Schiller interpretiert in seiner Abhandlung „Über naive und sentimentalische Dichtung" die Entwicklung der Satire aus dem „Widerspruch der Wirklichkeit mit dem Ideal" und definiert die Satire geradezu unter diesem Akzent:

Schillers Deutung der Satire

> „In der Satire wird die Wirklichkeit als Mangel dem Ideal als der höchsten Realität gegenübergestellt." (Schiller, 772)

In der Satire schwingt nicht selten Enttäuschung des Autors über die herrschenden Verhältnisse mit, zugleich aber wäre sie nicht möglich ohne die Hoffnung auf Veränderung. Diese Hoffnung orientiert sich an Werten und Normen, über die Einverständnis zwischen Autor und Leser bestehen muß.

Utopie und Satire

Wenngleich die Verbindung von Kritik und Utopie nicht von allen Literaturwissenschaftlern als notwendiger Bestandteil der Satire gesehen wird, ist sie im vorliegenden Roman gegeben: Die Gedanken des jungen Buck und die Person des alten Buck sind als Gegenmodelle zur kritisierten Wirklichkeit zu sehen:

> „Eine Gestalt ist freilich in Heinrich Manns Buch, bei deren Schöpfung nicht Haß die Farben gerührt

108

hat, sondern Liebe: der alte Buck, der Bürgerdemokrat von 1848, der noch an Ideale glaubt und in seiner Todesstunde mit entsetzten Augen auf Diederich Heßling starrt... Immer deutlicher wird es, daß Mann nicht der artistische Menschenbildner ist, als der er verschrieen wird, sondern ein Sozialethiker großen Zuges, dem die Sache mehr ist als eine Literaturformel." (Block)

„Der Untertan" als Parodie des Entwicklungsromans

Der erste Satz des Romans verweist auf einen beliebten Romantyp, den Entwicklungs- bzw. Bildungsroman. In ihm wird die innere und äußere Entwicklung des Helden von einem bestimmten Ausgangspunkt bis zu einer gewissen Reife geschildert, dabei muß der Romanheld sich gegenüber den Umwelteinflüssen bewähren. Wenn der Roman mit der Schilderung von Heßlings Kindheit und Jugend beginnt, erwartet der Leser die Entfaltung eines individuellen Lebensweges, in dem der Protagonist allmählich seine eigene Lebenseinstellung entwikkelt.

Romantyp Entwicklungsroman?

„Der Autor lockt den lektüreerfahrenen Leser zunächst auf die (falsche) Fährte. Die Ausgangsbedingungen könnten schöner nicht stimmen: Diederichs ‚Weichheit' läßt auf Formbarkeit, sein (Kinder)Leben in der Welt des Märchens auf sein sensitives Vermögen schließen, auf Empfänglichkeit für Dinge also, die nicht allein in der Alltäglichkeit liegen." (Schneider, 480)

Doch bei genauer Betrachtung wird deutlich, daß die ersten zwanzig Lebensjahre auf etwa 10 Seiten gerafft geschildert werden. Zugleich wird erkennbar, daß nur jene Ereignisse in diesem Zeitraum ausgewählt werden, die die Einstellung zur Macht und zu ihren Vertretern charakterisieren.
Diese Beobachtung bestätigt sich in den folgenden

Prinzip der Raffung

Heßlings starre Haltung

Episoden des Romans: nicht die allmähliche Entwicklung und Ausbildung des Charakters wird geschildert, sondern die eigentümliche Starrheit der Einstellung zur Macht. Zwar gibt es Phasen der Unsicherheit in Heßlings Leben, am deutlichsten erkennbar in dem Liebesabenteuer mit Agnes, doch weitet sich dieses Erlebnis nicht zu einer Krise aus, sondern endet in einer grotesken Konfrontation mit dem Vater von Agnes. Die Erlebnisse mit Agnes bleiben nur „Pausen der Gemütlichkeit, in denen man sich seines Menschentums erinnern durfte" (36/44).

Heßling – Typus der Zeit

Werte und Einstellungen Heßlings entwickeln sich nicht im Sinne des Entwicklungsromans, sondern zeigen sich unter bestimmten Umständen als feste Bezugsgrößen. Heßlings Verhalten schwankt von Beginn des Romans an zwischen Unterwerfung und Machtausübung. „Wegen seiner personalen Instabilität neigt der Untertan-Typus dazu, seine Schwäche – im wahrsten Sinne des Wortes – zu überspielen und Härte zu demonstrieren." (Scheuer, 43)

Da Heßling nicht als Individuum geschildert wird, wie es noch der Anfang des Romans nahezulegen scheint, sondern als Typus seiner Zeit verstanden werden soll, muß der Bildungsroman zur Parodie werden.

Wiederholungen und Parallelität als satirische Strukturmerkmale

Satirische Mittel

Heinrich Mann wählt das satirische Mittel der Wiederholung einzelner Situationen und Szenen, um die Doppelbödigkeit seiner Romanwelt zu entlarven.

Wiederholungen und Parallelität

Kurz nach der Übernahme der Fabrik entdeckt Heßling ein junges Paar hinter Lumpen. Moralisch entrüstet, beschimpft er die beiden als „Schweine und außerdem Diebe" (85/104) und verlangt in seinem Betrieb „deutsche Zucht und Ordnung" (ebd). Bei seinem ersten Rundgang mit Guste durch seine Fabrik kommen beide an dieser Stelle vorbei, und

Heßling erläutert: „In dieser Ecke, hinter den Säk-   **Schein und Sein**
ken hier hab ich mal einen Arbeiter und ein Mäd-
chen ertappt, wie sie gerade – Sie verstehen." (193/
237) Schon wenige Augenblicke später werden
„deutsche Zucht und Ordnung" als vordergründi-
ger Schein entlarvt: Heßling und Guste „plump-
sten ... auf die Säcke, rollten, ineinander verwik-
kelt, hinab und durch den dunklen Raum dahinter,
schlugen um sich, keuchten und prusteten, als
seien sie dort unten am Ertrinken."
Als Heßling seine Geliebte Agnes verläßt, trumpft
er gegenüber dem Vater auf: „Mein moralisches
Empfinden verbietet mir, ein Mädchen zu heiraten,
das mir ihre Reinheit nicht in die Ehe bringt. ...
Kein Mensch kann von mir verlangen, daß ich so
eine zur Mutter meiner Kinder mache." (75/91)
Heßlings Duellforderung wehrt der Vater von Ag-   **Die wiederholte**
nes mit den Worten ab: „Das möchten Sie wohl!   **Duellforderung**
Die Tochter verführen und den Vater abschießen!
Dann ist ihre Ehre komplett!" (74/90] Nachdem
Heßling von dem Ende des Verhältnisses seiner
Schwester Emmi mit dem Leutnant von Brietzen
erfahren hat, versucht er, den adligen Liebhaber
zur Rechenschaft zu ziehen. „In die Enge getrieben,
sagte er den Satz, den Diederich vor allem fürchtete und der, er sah es ein, nicht zu vermeiden war.
Ein Mädchen, das ihre Ehre nicht mehr hatte,
machte man nicht zur Mutter seiner Kinder!" (305/
377) Die Duellforderung des Leutnants weist Heßling mit den Worten zurück: „Die Schwester verführen und den Bruder abschießen, das möchten
Sie wohl!" (305/378)
Nahezu bis in den Wortlaut identisch sind Inhalt
und Verlauf der Szenen, unterschiedlich ist nur die
Figurenkonstellation. Die Personen scheinen aus-
tauschbar in einer Situation, in der Gewissen und
Empfindungen durch Stereotypen ersetzt werden.
Die Satire entlarvt den völligen Mangel an wirklichen Gefühlen. So kann Heßling sich nach der
Konfrontation mit dem Leutnant, nach „seinem
Anfall von Auflehnung" (306/378) nicht enthalten,
sich „des frischen und ritterlichen jungen Offiziers
(zu freuen). ‚Den macht uns niemand nach', stellte
er fest." (306/378)

Weitere satirische Parallelen sind Heßlings Ansprachen vor den Arbeitern und Angestellten seiner Fabrik und vor den Arbeitern von Gausenfeld sowie die Theater- und Opernaufführung.

Satirische Funktion der Sprache

Wortwahl

**Wortwahl:
Eigennamen**

Als erstes satirisches Merkmal fallen dem Leser die *Eigennamen* auf. Der Name des Untertanen erinnert einerseits an das Adjektiv ‚häßlich‘, zugleich aber stellen sich Assoziationen zu ‚Haß‘ ein.

Napoleon Fischer, der Gegenspieler und heimliche Verbündete von Heßling, entspricht weder im Äußeren noch im Verhalten seinem Namensvetter, er ist vielmehr ein engstirniger, intriganter Funktionär, den Heßling voller Abscheu betrachtet: „die Vorderflossen hängen ihm bis an den Boden. Gleich wird er auf allen vieren laufen und Nüsse fressen. … Napoleon! So ein Name ist allein schon eine Provokation.“ (86/105)

Guste Daimchen, deren Finger „rosigen Würstchen glichen“ (77/94) und die Heßling „kolossal appetitlich … wie ein frischgewaschenes Schweinchen“ (ebd) findet, wohnt bezeichnenderweise in der „Schweinichenstraße“ (154/190).

Die Namen Jadassohn, Nothgroschen, Kühnchen, Heuteufel usw. reihen sich in die Reihe der *sprechenden Namen* ein, hierzu gehört auch, daß die Wucherstraße umbenannt wurde in Kaiser-Wilhelm-Straße.

Klischees

Mit besonderer Vorliebe greift Heßling in seinen Reden, Dialogen und Auseinandersetzungen mit politischen Gegnern zu *klischeehaften Adjektiven,* die die Inhaltsleere seiner Phrasen unterstreichen. In der letzten Rede Heßlings wirkt diese Verwendung von Adjektiven um so entlarvender, als hier die Reden Kaiser Wilhelms II. durch die Verwendung kaum verhüllter Zitate parodiert wird. ‚*Deutsche* Mannhaftigkeit und *deutscher* Idealismus‘

stellen sich ‚*vaterlandslosen* Feinden' entgegen. ‚*Höchste* Pflicht', ‚*höchste* Ehre' und ‚*höchste* Arbeit' ist die ‚Verteidigung des Vaterlands' ‚im Rock des Königs'. Die Betonung der ‚höchsten' Pflicht wirkt angesichts der unrühmlichen Militärzeit von Heßling um so lächerlicher.

Die Wiederholungen verstärken den Eindruck der Klischeehaftigkeit des Denkens. Am häufigsten werden die Adjektive „national" (ca. 140mal), „deutsch" (ca. 80mal), „kaisertreu", „treudeutsch" (jeweils etwa 40mal) verwendet. Fast stereotyp wiederholen sich die Verbindungen „nationale Gesinnung", „nationale Sache", „nationale Gedanken", „nationales Interesse".

Wiederholungen

An einigen Stellen entlarven der *fehlerhafte Gebrauch von Fremdwörtern und sprachliche Primitivitäten* die nur vorgetäuschte Bildung. Magda schimpft über „Popismus" (82/101), ihr Bruder verbessert: „Nepotismus heißt es". (ebd) Die neureiche Frau Daimchen weiß nicht genau, ob sie sich „altdeutsch oder Louis Käs einrichten" (132/161) soll.

Zur Karikatur wird der Gymnasialprofessor Kühnchen nicht nur durch seinen sächsischen Dialekt, den er auch auf französische Worte überträgt, sondern zugleich durch seine vulgäre Sprache, die im krassen Widerspruch zu seiner Funktion als Lehrer und zu den Kriegsepisoden steht, von denen er berichtet:

Dialekt und vulgäre Sprache

> „Und wie's erscht gebrannt hat, nu, versteht sich, da hamse an der Verteidchung des Vaterlandes keen Geschmack mehr gefunden, und bloß noch raus, bloß noch Soofgipöh. Da hätten Se nu aber uns Deutsche sehen sollen. Von der Mauer hammer sie weggeschossen, wie sie runterkrabbeln wollten! Luftsprünge hamse gemacht wie die Garniggel!" (115/142)

Die Wiederaufnahme und die spielerische Abwandlung eines Wortes, also *das Wortspiel,* kann eine Situation entlarven und ins Lächerliche verkehren. Guste beklagt sich bei Heßling über ihren Verlobten, der sie verlassen hat: „ihm (war) immer *alles wurscht, sogar mein Geld*" (262/323). „Er-

Wortspiele

113

schüttert" stellt Heßling fest: „Wem das *Geld wurscht* ist, der *versteht das Leben nicht.*" (263/ 324) Gustes Antwort deckt Heßlings eigentliches Interesse auf: „Dann *verstehen* Sie *es* glänzend!" Wenn Heßling das Leben also glänzend versteht, kann ihm auch Gustes Geld nicht „wurscht" sein.

Der alte Buck verkündet am Ende seines Prozesses noch einmal sein Lebensziel. Seit fünfzig Jahren habe sein Leben einem Gedanken gehört: *„der Gerechtigkeit und dem Wohle aller"* (327/405). Heßling „blitzte den Alten ... einfach nieder, und diesmal endgültig, mitsamt *der Gerechtigkeit und dem Wohle aller.* Zuerst das *eigene Wohl* – und *gerecht* war die Sache, die Erfolg hatte." (ebd) Heßling verkehrt das von Buck Gemeinte ins Gegenteil und beweist damit seinen zynischen Materialismus, den er nach dem Tod des alten Buck noch einmal mit einem *Wortwitz* unterstreicht: „Verblendung jeder Ehrgeiz, der nicht Fäuste hatte und Geld in den Fäusten." (363/451)

Umkehr des Gemeinten

Eine andere Form des Wortspiels findet sich, als über den Tod des Korpsstudenten Delitzsch berichtet wird, die *Übertragung eines Bereiches auf einen anderen:* Das exzessive Trinken wird als „Pflichterfüllung" gewertet, der Tod durch Alkohol wird mit dem „Tod auf dem Felde der Ehre" gleichgesetzt. Das Trinken fordert „Opfer", und es übt „im männlichen Ertragen des Schmerzes" (27/32). Durch seinen Tod im Suff hat Delitzsch „in der Schule der Mannhaftigkeit und des Idealismus den höchsten Preis errungen" (27/33). Die Banalität des Todesgrundes entlarvt zugleich auch die *euphemistische Stereotype,* daß das Schlachtfeld im Krieg das „Feld der Ehre" sei. Die Übertragung des einen Bereiches auf den anderen trifft somit beide, und die unmittelbare Nähe zueinander rächt sie: sinnlos ist das eine wie das andere.

Übertragung

Ein besonderes Wortspiel ergibt sich aus Heßlings Rohstoff, den Lumpen. Wie im Kalauer wird hier mit der abgegriffenen *Doppeldeutigkeit des Wortes* gespielt:

Doppeldeutigkeiten

„Diederich ließ sich seinen Entwurf nicht verderben. ‚Unter meinen Lumpen darf kein Umsturz

114

vorkommen. Mit ihren Lumpen, ich meine in der Politik, ist es anders. Da können wir den Umsturz brauchen, damit aus den freisinnigen Lumpen weißes, kaisertreues Papier wird.'" (256/315)

Ein typisches Verfahren satirischer Darstellung ist die Verbindung sich scheinbar widersprechender oder gegenseitig ausschließender Begriffe bis zum Paradoxon, also bis zur Vereinigung gegensätzlicher Begriffe und Aussagen.
Nach Heßlings Wahlkampfrede wird die bierselige Atmosphäre durch die pointierte Verbindung unpassender *Adjektivattribute mit Nomen* (Oxymeron) gekennzeichnet. Heßling wankt „unter dem Ansturm treudeutscher Hände, die die seinen schütteln wollten, nationaler Biergläser, die mit ihm anstießen" (295/365).
Als Heßling Guste seine Fabrik zeigt, kommt es zu einer kurzen Auseinandersetzung mit Napoleon Fischer, und Heßlings „geheime Angst sah in dem dünnen Bart des Maschinenmeisters immer das gewisse Grinsen... Je heftiger Diederich sich gebärdete, desto ruhiger ward der andere. Diese *Ruhe* war *Aufruhr!*" Das Paradoxon, daß die Ruhe des **Paradoxon** Maschinenbaumeisters bedrohlich ist, daß Heßling in der Ruhe Aufruhr spürt, kennzeichnet seine Verfassung. Er ist nicht Herr der Situation, wie er es gegenüber Guste gerne gewesen wäre, weil Napoleon Fischer durch sein Wissen um die Manipulation der Maschine seinen Arbeitgeber in der Hand hat.
Die Erschießung des Arbeiters kommentiert Heßling mit Begriffen, die dieses Ereignis zynisch als etwas „Heroisches", „direkt Großartiges, sozusagen Majestätisches" (109/134) verherrlichen. Das Paradoxon leitet sich hier aus „der Verwendung unangemessener Vokabeln auf einen bestimmten Vorfall her" (Süßenbach, 115). Heßlings Kommentar, daß „da einer, der frech wird, einfach abgeschossen werden kann, ohne Urteil, auf offener Straße! Bedenken Sie: mitten in unserm bürgerlichen Stumpfsinn kommt so was – Heroisches vor! Da sieht man doch, was Macht heißt!" (109/134) belegt nicht nur seine zynische Einstellung, son-

Aufzählung

dern soll auch die zynische Geisteshaltung der Zeit entlarven.

Stellenweise wirken auch *Aufzählungen* satirisch, vorwiegend dann, wenn „kategorial unterschiedliche Begriffe miteinander in eine Reihe gestellt werden; die Zuordnung von Bereichen, die normalerweise getrennt werden, verweist auf die Abweichung des Denkens von den üblichen Maßstäben" (Süßenbach, 117).

Als Kind fühlt Heßling sich von erfundenen Figuren, realen Personen, anonymen Institutionen, überirdischen Mächten gleichermaßen verfolgt und eingeschüchtert. Phantasie und Wirklichkeit greifen ineinander, wenn Heßling sich den „vielen furchtbaren Gewalten, ... den Märchenkröten, dem Vater, dem lieben Gott, dem Burggespenst und der Polizei, ... dem Schornsteinfeger ... und dem Doktor" (8) unterworfen fühlt.

Dem mißlungenen Weihnachtsfest entflieht Heßling, indem er Zuflucht zur Musik sucht. „Aus Volksliedern, Beethoven und dem Kommersbuch klang es durcheinander in der Dämmerung" (141/ 173), „Schubert, weiche Biederkeit, Gemüt der Heimat" (ebd). Diesem Nebeneinander so unterschiedlicher Musik entspricht Heßlings mangelndes ästhetisches Empfinden, hat er doch schon früher gegenüber Agnes geäußert: „Ich gehe nur in Konzerte, wo ich Bier trinken kann." (15/17)

Satzbau

Satzbau

Widersprüchlichkeit

Betrachtet man den Satzbau genauer, so wird erkennbar, daß er dahin tendiert, die *inhaltlichen Widersprüchlichkeiten* zu demaskieren. Immer wieder stößt der Leser auf Widersprüche, die sich innerhalb eines Satzes eröffnen, so daß Schein und Sein krass entlarvt werden. Süßenbach unterscheidet hier u. a. zwischen „satirischer Entsprechung" und „satirischer Diskrepanz":

Satirische Entsprechung

„Die satirische Entsprechung zieht genau dort Parallelen, wo der Leser einen Widerspruch konstatieren würde." (Süßenbach, 121)

Der Künstler, der das Kaiser-Wilhelm-Denkmal geschaffen hat, „kehrte ... bisher die guten Seiten seines Berufes hervor, nämlich Genie und vornehme Gesinnung, während er sich im übrigen durchaus korrekt und geschäftstüchtig zeigte" (349/433). Da sich der Künstler also ‚im übrigen' ‚geschäftstüchtig' zeigt, sind ‚Genie und vornehme Gesinnung' akzeptabel.

Während Heßling begeistert Telramunds Arie zuhört, wünscht er sich, „er hätte zu seiner Rede in der Kanalisationsdebatte eine solche Musik gehabt" (265/328). Den Widerspruch von Kunst und Banalität vermag Heßling nicht zu erkennen, Oper und Debatte um Abwässer setzt er gleich.

Der Kommilitone Heßlings, der erfolglose Student Hornung, erscheint Heßling „eben vermögend seiner aristokratischen Richtung, die ihm beim Verkauf von Schwämmen und Zahnbürsten so hinderlich war, im Kampf gegen die Demokratie ein wertvoller Bundesgenosse" (286/354) zu sein. Diese ‚aristokratische Richtung' ist nur überhebliche Einbildung, die von Heßling fraglos akzeptiert wird. Dünkel und Dummheit also machen Hornung zum ‚wertvollen Bundesgenossen' gegen die Demokratie.

Mit Hilfe der „*satirischen Diskrepanz* werden die Kluften zwischen dem subjektiven Anspruch der Figur und den objektiven Gegebenheiten aufgerissen" (Süßenbach, 125). Während Heßling auf den Kaiser wartet, „auf vorgestreckter Brust den Kronenorden vierter Klasse", erscheint nur „eine Ziegenherde" (280/345). Die Diskrepanz zwischen Erwartung und Erfüllung kann kaum größer sein.

Auch Heßlings Spannungsverhältnis zu Heuteufel, die politische Gegnerschaft einerseits, die Abhängigkeit von Heuteufels ärztlichem Können andererseits eröffnet mehrfach diese ‚satirische Diskrepanz':

Satirische Diskrepanz

> „In höchster Erregung, fast stimmlos: ‚Sie sehen mich zum Äußersten entschlossen! Zwischen uns gibt es nur noch den Kampf bis aufs Messer!' Doktor Heuteufel sah ihn neugierig an..., er sagte: ‚Sie sind heiser.'" (126 f./154)

Der radikalen Kampfansage Heßlings folgt schließlich der klägliche Rückfall in die Zeit der Kindertage, Heuteufel muß Heßlings Hals pinseln:

> „Diederich erstickte, rollte angstvoll die Augen und umklammerte den Arm des Arztes. Heuteufel ... feixte durch die Nase. ‚Sie sind noch wie früher.'" (127/155)

Satz- und Gedankenfiguren

Vergleiche

Vergleiche als wichtige Form der Veranschaulichung gewinnen ihren satirischen Wert durch die Wahl des entlarvenden Bildes für den gemeinten Sachbereich.

Der karrieresüchtige Jadassohn wird häufig durch sein auffälliges äußerliches Merkmal, seine riesengroßen Ohren, charakterisiert, die Vergleiche geben dabei nicht nur Auskunft über die komische Wirkung dieser Ohren, die „wie zwei Lampen" (209/257) leuchten:

> „durch Vergleiche stellt der Erzähler die Verbindung zwischen jüdischem Rassenmerkmal und christlich-sakralem Bereich her. Unmittelbar vor seiner Abreise nach Paris, wo er sich einer Ohrenoperation unterziehen wird, trifft Jadassohn auf dem Bahnhof Heßling: ‚Dahinten flammten ... seine Ohren noch einmal – das letztemal – auf, wie zwei Kirchenfenster im Abendschein.'" (Süßenbach, 140)

Nachdem Heßling die Beziehung zu Agnes beendet, ihren Vater beleidigt und kaltschnäuzig abgewiesen hat, empfindet er Genugtuung und Freude darüber, daß er sich schon so gut angepaßt hat. Seine neuen Grundsätze beabsichtigt er, in Netzig „zur Geltung zu bringen und ein Bahnbrecher zu sein für den Geist der Zeit" (76/93). Diesen Geist der Zeit will er auch äußerlich zu erkennen geben, indem er „vermittels einer Bartbinde seinen Schnurrbart in zwei rechten Winkeln hinaufführen" (ebd) läßt. Der Vergleich mit Kaiser Wilhelm fällt so günstig aus, daß Heßling sich im Spiegel kaum wiedererkennt:

„Der von Haaren entblößte Mund hatte, besonders
wenn man die Lippen herabzog, etwas katerhaft
Drohendes, und die Spitzen des Bartes starrten bis
in die Augen, die Diederich selbst Furcht erregten,
als blitzten sie aus dem Gesicht der Macht." (ebd)

Mit der Barttracht Kaiser Wilhelms II. stellt Heßling sich äußerlich mit der Macht auf eine Stufe, in
der Folge wird diese Form des Vergleichs mit Kaiser Wilhelm II. bis in die sprachlichen Eigenheiten
weitergetrieben. Heßling übernimmt Kaiserworte,
bis er nicht mehr weiß, „ob es von ihm selbst war
oder doch vom Kaiser. Schauer der Macht strömten
aus dem Wort auf ihn ein, *als wäre es echt gewesen.*" (187/231) Heßling spricht und verhält sich
wie der Kaiser, zum Ende hin löst sich die Ver-
gleichbarkeit fast in der Gleichheit beider auf. Erst
der letzte Satz allerdings entlarvt die Wirklichkeit.
Während in den ersten fünf Kapitelschlüssen Heßling mit dem Kaiser vergleichbar erscheint, endet
das letzte Kapitel mit einem demaskierenden Vergleich. Der sterbende Buck sieht Heßling und erschrak, „*als sei er einem Fremden begegnet, der
Grauen mitbrachte*" (364/452). Bucks Angehörige,
die Heßling nicht wahrgenommen haben, deuten
das Entsetzen des alten Buck: „Er hat den Teufel
gesehen!" (ebd)
Während andere in Heßling zunächst Kaiser Wilhelm II. zu erkennen glauben, erfaßt der Sterbende
das Teuflische in Heßling, der Vergleich ist zu seiner letzten erschütternden Auflösung gelangt.

Zitate als satirisches Mittel

Seine gewichtigste Stoßkraft als zeitkritische Satire gewinnt der Roman durch die Verwendung von
Zitaten aus Reden Kaiser Wilhelms II. Anfangs ta-
stet Heßling sich unsicher und unbeholfen an Aussagen des Kaisers heran, der genaue Wortlaut ist
ihm noch nicht geläufig, als er zu Wiebel sagt: „Auf
die Armee, soviel weiß ich, kann der Kaiser sich

Verwendung von Kaiserzitaten

verlassen." (43/52) Doch schon Heßlings Antritts-rede vor den Arbeitern der Papierfabrik verdeut-licht die beginnende Identifikation des Untertanen mit seinem Kaiser:

Der „richtige Kurs"

„Mein Kurs ist der richtige, ich führe euch herrli-chen Tagen entgegen.[1] Diejenigen, welche mir da-bei behilflich sein wollen, sind mir von Herzen willkommen; diejenigen jedoch, welche sich mir bei dieser Arbeit entgegenstellen, zerschmettere ich.[2]" (80/98)

Die Ansprache ist eine Aneinanderreihung von Kaiserzitaten:

[1] 24. 2. 1892 beim Festmahl des Brandenburgi-schen Provinziallandtages: „... Zu Großem sind wir noch bestimmt, und herrlichen Tagen führe Ich Euch noch entgegen. ... Mit Schlagwörtern allein ist es nicht gethan, und den ewigen mißvergnügli-chen Anspielungen über den neuen Kurs und seine Männer erwidere Ich ruhig und bestimmt: ‚Mein Kurs ist der richtige, und er wird weiter gesteu-ert.'"

[2] 6. 3. 1890 Trinkspruch beim Festmahl des Bran-denburgischen Provinziallandtages: „In dem Mir überkommenen Volke und Lande (betrachte Ich) ein von Gott Mir anvertrautes Pfund, welches – wie schon in der Bibel steht – zu mehren Meine Aufgabe ist und worüber Ich dereinst Rechen-schaft abzulegen haben werde. Ich gedenke nach Kräften mit dem Pfunde zu wirthschaften, daß Ich noch manches andere hoffentlich werde dazu legen können. Diejenigen, welche Mir dabei behülflich sein wollen, sind Mir von Herzen willkommen, wer sie auch seien; diejenigen jedoch, welche sich Mir bei dieser Arbeit entgegenstellen, zerschmettere Ich." (Schröder, 96 f.)

Geradezu lächerlich wirkt Heßlings Rede ange-sichts der Diskrepanz von dröhnender Rhetorik und der kleinen Gruppe von Arbeitern, denen diese Rede gilt. Gesteigert wird diese Wirkung noch da-durch, daß Heßling sich wie Kaiser Wilhelm II. auf das Gottesgnadentum beruft:

Gottesgnaden-tum

„Einer ist hier der Herr[3], und das bin ich. Gott und meinem Gewissen allein schulde ich Rechenschaft[4]." (80/98)

[3] Mai 1891 beim Festessen des Rheinischen Provinziallandtages „Einer nur ist Herr im Reich, keinen andern dulde ich". (Schröder, 188)

[4] 4. 5. 1891 „Ich darf auch Meinerseits von den Mir vorgezeichneten Wegen, die Ich mit Meinem Gewissen und vor Meinem Gott allein zu verantworten habe, nicht abweichen." (Handtmann, 8)

Mit dieser Montagetechnik gelingt es Heinrich Mann, die totale Identifikation des Untertans mit seinem Kaiser aufzuzeigen und gleichzeitig Kritik am hohlen Pathos Kaiser Wilhelms zu üben. Aufschlußreich ist auch, in welchem Zusammenhang diese Zitate verwendet werden:

Zitate als Schutzwall

„Mit Hilfe dieser Zitate wird von der Figur überdies eine Kulisse aufgebaut, hinter der sich ein moralisch fragwürdiges Verhalten versteckt. Verbale Beteuerungen als vorgebliche Motivationen werden vor zweifelhafte Handlungen als die wahren Absichten und Ziele vorgeschoben. ... Einen echten Schutzwall, hinter dem man sich in der wilhelminischen Gesellschaft zuverlässig verschanzen kann, bietet die Autorität des Kaisers, in ihrem Schutz kann die Figur ungestört die eigenen Interessen verfolgen, die größtenteils der vorgetäuschten ethischen und politischen Einstellung zuwiderlaufen, denn jeder kritische Einwand an ihrem Verhalten kann dann als Angriff auf die als Fassade vorgebaute kaiserliche Autorität abgewehrt werden." (Süßenbach, 153 f.)

Als Heßling nach der Erschießung des Arbeiters seine Gefolgschaft langsam alkoholisiert, greift er zu einem Kaiserzitat, das von den Anwesenden gegen den gemeinten Sinn verstanden wird:

„Deutschland erwache!"

„‚Seine Majestät hat für alle Teile seines Staates, also auch für Netzig, die Forderung aufgestellt, daß die Bürger endlich aus dem Schlummer erwachen mögen![5] Und das wollen wir auch!' Jadassohn, der Major und Pastor Zillich bekunden ihre

Wachheit, indem sie auf den Tisch schlugen, Beifall riefen und einander zutranken." (114/140)

[5] 13. 9. 1890 in Breslau wünscht Kaiser Wilhelm II., „daß unsere Bürger endlich aus dem Schlummer erwachen mögen, in dem sie sich so lange gewiegt haben, und nicht bloß dem Staat und seinen Organen die Bekämpfung der umwälzenden Elemente überlassen, sondern selbst mit Hand anlegen". (Schröder, 56)

Das abstrakt Gemeinte wird unmittelbar konkret verstanden, die alkoholisierte Gesellschaft ‚erwacht' und krakeelt. Noch einmal wird das Zitat in diesem mißverstandenen Sinn aufgenommen bei der Wahlversammlung der ‚Partei des Kaisers':

„In Tannenkränzen glühten Transparente: … ‚Mein Kurs ist der richtige', ‚Bürger, erwacht aus dem Schlummer!' Für das Erwachen sorgten Klappsch und Fräulein Klappsch, indem sie überall immer frisches Bier hinstellten." (291/359 f.)

Fast wörtlich wird ein Kaiserzitat im Prozeß gegen Lauer aufgegriffen:

„Mögen unsere Bürger … endlich aus dem Schlummer erwachen, in dem sie sich so lange gewiegt haben, und nicht bloß dem Staat und seinen Organen die Bekämpfung der umwälzenden Elemente überlassen, sondern selbst mit Hand anlegen." (176/217)

Dem heutigen Leser drängt sich die fatale Wiederaufnahme dieses Gedankens im Dritten Reich auf: „Deutschland, erwache!"

Satirische Personendarstellung

Die meisten Nebenfiguren, auf die Heßling in Netzig trifft, gewinnen kaum Individualität, sie bleiben weitgehend typisierend, häufig geraten sie zu reinen Karikaturen. Der Assessor Jadassohn fällt Heßling durch sein stark jüdisches Aussehen und die ungeheuren, roten und weit abstehenden Ohren auf. Immer wieder wird das Äußere Jadassohns betont, und Heßling glaubt an den Ohren zugleich die Gesinnung ablesen zu können. „Seine Ohren sind mir gleich verdächtig vorgekommen! Wirklich national empfinden kann man eben doch nicht mit solchen Ohren." (131/160) Um seine Karriere zu beschleunigen, entschließt sich Jadassohn, seine „äußere Erscheinung in Einklang zu bringen mit ... (seinen) nationalen Überzeugungen" (323/401), d. h. sich die Ohren operieren zu lassen.

Karikierende Darstellung Jadassohns

Ähnlich karikierend wird der sozialdemokratische Gegenspieler Heßlings, Napoleon Fischer, gezeichnet. Den blonden Heßling überkommt „animalischer Haß ... gegen den mageren Schwarzen, den Menschen von einer anderen Rasse" (83/102). „Mit schiefem Blick und den fletschenden Zähnen in seinem dünnen schwarzen Bart" (132/161) wirkt der Arbeiterführer immer ‚affenähnlicher'. Tiervergleiche finden sich im Roman gehäuft, nicht selten wird damit das animalische Verhalten einzelner Figuren gekennzeichnet.

Animalische Darstellung

Guste Daimchen wirkt auf Heßling „kolossal appetitlich ... wie ein frischgewaschenes Schweinchen" (77/94), passend dazu ist ihr Hals „jung und fett", und „die Finger, die die Wurst hielten ... (glichen) rosigen Würstchen" (ebd). Dieser Vergleich wird noch übertroffen durch Bucks Vergleich Gustes mit einem „Kochtopf ... worin (er) ... Wurst und Kohl am Feuer zu stehen habe" (159/196). Triumphierend macht Heßling gegenüber Guste Gebrauch von dem ‚kulinarischen' Vergleich. (192/236) Und noch einmal nutzt er den Vergleich, um sich gegenüber Gustes ehemaligem Verlobten in günstiges Licht zu setzen: „Er hat mich doch selbst angestellt, daß ich seinen Kochtopf sollte umrühren. Und wenn der Kochtopf nicht in braune Lappen eingewickelt gewesen wäre, hätte er ihn schon längst überkochen lassen." (262/323) Die ‚braunen Lappen', also Gustes Geld, und das ‚appetitliche Äußere' machen Guste zu einer guten Partie.

Der kulinarische Vergleich

123

Satirische Episoden als Strukturmerkmal des Romans

Der Roman als „soziale Bilderfolge"

Heinrich Mann hat seinen Roman selbst als „soziale Bilderfolge" bezeichnet, deren Zusammenhalt durch die Idee der Macht gewährleistet sei. Damit wird die Grundstruktur des Romans angedeutet. Das Phänomen der Macht wird in epischen Momentaufnahmen, in einzelnen Episoden eingefangen. Diese Episoden sind häufig satirisch zugespitzt.

Heinrich Manns Arbeitsweise

Sicherlich ist Heinrich Manns Arbeitsweise und seine Intention der satirischen Entlarvung für die vielen Episoden verantwortlich, die die Spießer, die Untertanen und die Gesellschaft in ihrer Doppelmoral, ihrer Verlogenheit, ihrem Materialismus und ihrer Heuchelei demaskieren sollen. Die Beschreibung der Arbeitsweise des von ihm bewunderten Zola darf sicherlich auf Heinrich Manns Methode und Absicht übertragen werden:

Zola als Vorbild

> „Da ließ er denn aus Dokumenten, die ihm alles brachten, Plan, Charakter, Handlung, eine Wirklichkeit sich bilden und vollenden, die dennoch nur seine war, – aber die Zeit nahm sie entgegen, sie bestätigte seine Wahrheit!" (Heinrich Mann: Macht und Menschen, 69)

Aufschlußreich ist, wie Heinrich Mann Episoden seines Romans der Wirklichkeit entnahm und sie satirisch umgestaltete. Thomas Mann berichtete seinem Bruder in einem Brief, wie es ihm „durch Herstellung eines privaten und gesellschaftlichen Verhältnisses zu den ärztlichen Machthabern" (T. Mann – H. Mann. Briefwechsel 1900–1949, 8) gelungen sei, dem Militärdienst vorzeitig zu entkommen.

Th. Manns Darstellung seiner Entlassung v. Militär als Vorbild für eine Episode

> „Das Militärische: ... Die Haupterinnerung ist das Gefühl rettungsloser Abgeschnittenheit von der civilisierten Welt, eines furchtbaren äußeren Machtdruckes. ... Aber so wird der Unterthan die Sache wohl nicht auffassen. ... Will er frei kommen? Dann laß es ihn machen, wie ich, und von

vornherein eine Verbindung mit der bürgerlichen Welt suchen, mit deren Hilfe er sich befreien kann. Ich steckte mich hinter Mamas damaligen Arzt, Hofrat May. ... Mit dem Ober-Stabsarzt kommt man beim Regiment kaum in Berührung; abhängig ist man von seinem Untergebenen, dem Stabsarzt. ... Dieser Stabsarzt war äußerst grob gegen mich. ... Nun hatte aber May mit dem Ober-Stabsarzt gesprochen, und dieser ließ mich vom Exerzieren weg auf sein Zimmer zur Untersuchung rufen. Er schien zwar nichts Rechtes zu finden, erklärte aber, ich solle nur ‚vorläufig' weiter Dienst machen, das Weitere werde sich schon finden. ‚Bei dem Fuß...' Nach einigen Tagen wurde von einem Revier-Gehülfen ein Abdruck meines Fußes auf geschwärztem Papier gemacht. Ich war im Lazarett auf ‚entzündlichen Plattfuß' behandelt worden, aber der Abdruck zeigte, daß von Plattfuß nicht die Rede sein konnte. Aber nun kam der Oberstabsarzt, das Papier in der Hand, in das Revierzimmer, wo ich wartete, und wo auch der Stabsarzt anwesend war. Die Szene war ausgezeichnet und ist für Deinen Roman sehr geeignet. Der Ober-Stabsarzt kommt ... mit einem gewissen Aplomb herein, stellt sich vor dem Stabsarzt auf und blickt mit finsterer, strenger Miene auf dessen Mütze. Der Stabsarzt, der sonst sehr kollegial mit ihm zu verkehren gewohnt ist, nimmt verblüfft die Mütze herunter und steht stramm. Darauf zeigt ihm der Ober-Stabsarzt das Papier, spricht leise zu ihm und befiehlt ihm, irgend etwas zu sehen, was nicht da ist. Der Stabsarzt blinzelt abwechselnd den Vorgesetzten, mich und das Papier ... an ... und stimmt zu, indem er die Hacken zusammenzieht. Von Stund an war er sehr höflich gegen mich. ... Nur amtlicher Formalitäten halber vergingen noch einige Wochen, dann war ich ‚draußen'. Die amüsanteste Korruption." (ebd, 97 f.)

Vergleicht man Thomas Manns humorvoll anekdotische Darstellung mit der entsprechenden Episode im ‚Untertan', so wird erkennbar, daß Heinrich Mann viele Formulierungen aus dem Brief des Bruders übernommen, aber die Zielrichtung ins Satirisch-Entlarvende verändert hat. Während Thomas Manns Verhalten seiner Einstellung gegenüber allem Militärischen entspricht, widerspricht Heßlings Verhalten seinem immer wieder geäußerten

Veränderte Zielrichtung Heinrich Manns

Heßling, der Drük-keberger

militanten Patriotismus. Sein erbärmliches Bemühen, dem Militär um jeden Preis zu entkommen, steht im entlarvenden Widerspruch zu seiner ‚Begeisterung‘ für das Militär. „Prinzip und Ideal war ersichtlich das gleiche wie bei den Neuteutonen, nur ward es grausamer durchgeführt", und „das imponierte ihm" (36/44).

Entlarvende Widersprüche

Den Makel, nicht gedient zu haben, denn für den Untertan Heßling ist dies ein schwer auszuräumender Makel, macht er durch großspurige Erzählungen wieder wett. Die Lüge ersetzt die Wirklichkeit, doch dem Leser entlarvt sich Heßling um so deutlicher, wenn er vorgibt, „ich wäre überhaupt dabeigeblieben" (46/49). Auch andere Episoden des Romans entlarven die Widersprüchlichkeit und die verlogene Einstellung Heßlings. Mit Napoleon Fischer macht Heßling zunächst gemeinsame Sache, um seinen geschäftlichen Mißgriff zu kaschieren. Hatte er noch prahlerisch gegenüber seiner Familie und Sötbier geäußert, der ‚neue Kurs‘ müsse „großzügig" (124/151) sein, ist er nun auf Napoleon Fischers Hilfe angewiesen.

Verlogene Familienidylle

Beim Weihnachtsfest wird das Familienleben – zur Groteske verzerrt – vorgeführt, gegenüber Kienast preist Heßling die Segnungen der Familie, kann jedoch die Fassade nur mit Mühe erhalten:

> „‚Ich arbeite den ganzen Tag für die Meinen, und der Abend vereint uns dann hier beim Lampenschimmer. Um die Leute da draußen und den Klüngel unserer sogenannten Gesellschaft bekümmern wir uns so wenig wie möglich, wir haben an uns selbst genug.‘ Hier gelang es Emmi, sich loszumachen; man hörte sie draußen eine Tür zuschlagen." (151/185)

Heirat als Geschäft

Die Heiratsverhandlungen mit dem Prokuristen Kienast ähneln einem Viehhandel. Heßling bietet „Fünfundzwanzigtausend bar und ein Achtel des Reingewinnes", Kienast dagegen „weiß noch nicht, ob er (Magda) ... dafür übernehmen kann" (153/188). Erst Magdas ‚verführerischer‘ Aufzug rettet das ‚Geschäft‘.

Ehe, Liebe, Moral, Sexualität werden in verschiedenen Episoden und Bildern satirisch dem Gelächter preisgegeben. Die erste gemeinsame Nacht in der Eisenbahn nutzt Heßling zu einer Szene voller unfreiwilliger Komik:

Groteske Hochzeitsnacht

> „Als (Guste) ... aber schon hinglitt und die Augen schloß, richtete Diederich sich nochmals auf. Eisern stand er vor ihr, ordenbehangen, eisern und blitzend. ‚Bevor wir zur Sache selbst schreiten‘, sagte er abgehackt, ‚gedenken wir Seiner Majestät unseres allergnädigsten Kaisers. Denn die Sache hat den höheren Zweck, daß wir Seiner Majestät Ehre machen und tüchtig Soldaten liefern.‘“ (276/ 341)

Später kriecht Heßling in masochistischer Ergebenheit vor Guste durch das Schlafzimmer, um sich ohrfeigen, treten und mit „wenigst anständigen Namen“ (340/423) beschimpfen zu lassen, bis er sich schließlich „hinter dem bronzenen Kaiser“ (341/423) versteckt.

Mit Jadassohn teilt sich Heßling die käufliche Gunst von Käthchen Zillich, wobei sich Heßling bei Jadassohn „über Käthchens unersättliche Ansprüche an seine Kasse“ beklagt, in der Hoffnung, daß dieser „einen günstigen Einfluß auf sie in dieser Beziehung“ (344/427) geltend machen könne.

Nur einmal wird die Ruhe der Untertanen und Spießer gestört, als anonyme Briefe „eine Atmosphäre der krassesten Obszönität“ (336/416) schaffen: „Der unheimliche Briefschreiber hatte überall in das Privatleben eingegriffen.“ Die Episode ist bereinigt, als man vorgibt, in Hornung den Schuldigen gefunden zu haben. Der Untertan kann sich wieder ungestört seiner doppelten Moral hingeben.

Obszöne Briefe

Auch Politik, Gerechtigkeit und Geschäft werden in verschiedenen Episoden in ihrer Verlogenheit und Doppelmoral gegeißelt. Prozesse ähneln Theateraufführungen, Politik wird an Stammtischen, in Hinterzimmern oder in verschwiegenen Zusammenkünften gemacht. Die Episoden entlarven Korruption und Klüngel, die Heßling und seine Gefolgschaft vordergründig ablehnen: „Dem Buckschen Klüngel, der so dick tat, war der Denkzettel zu gönnen.“ (185/228)

Steigerung als satirisches Prinzip

Dem Prinzip *satirischer Steigerung* entspricht die Abfolge der Episoden, die die öffentliche Politik beschreiben. Schon das erste Zusammentreffen der Netziger Bürger nach dem Tod des Arbeiters endet im sinnentleerten Bier- und Sektrausch. Heßling, „zum Äußersten entschlossen..., an den Tisch geklammert", befragt die Versammlung: „Aber unser herrlicher junger Kaiser?" (118/145) Man antwortet mit sinnlosen, phrasenhaften Bruchstücken: „Persönlichkeit ... Impulsiv ... Vielseitig ... Origineller Denker." (ebd)

Die erste Wahlversammlung der ‚Partei des Kaisers‘ zeichnet sich gleichfalls durch hohen Bierkonsum und sinnlose politische Reden aus. Major Kunze verliert wegen einiger Zwischenrufe die Geduld und stößt „mit unvermittelter Wildheit hervor: ‚Ausrotten bis auf den letzten Stumpf! Hurra!‘" (292/361) Der gescheiterte Student Hornung verbindet seine Abneigung gegen den Verkauf von Zahnbürsten und Schwämmen mit dem Wahlaufruf: „Jedem das Seine. Und in diesem Sinne geben wir unsere Stimme nur einem Kandidaten, der dem Kaiser so viel Soldaten bewilligt, als er haben will. Denn entweder haben wir einen Kaiser oder nicht!" (293/362)

Heßling will schließlich, obgleich schon berauscht, der Veranstaltung den entscheidenden Impuls geben. „Aus den höchsten Tabakswolken glühten ihn mystisch die Gebote seines Herrn an: ‚Der Wille des Königs!‘, ‚Mein Feind!‘, ‚Mein Kurs!‘ Er wollte sie in das brausende Volk hineinschreien – aber er griff sich an die Kehle, kein Ton kam mehr: Diederich war stockheiser." (295/365)

Die letzte Rede Heßlings schließlich endet vollends im Chaos; unter dem Rednerpult muß er Zuflucht suchen vor dem Gewitter, das die Enthüllung des Denkmals zum Desaster werden läßt.

Politik und Gesellschaft als Theater

Die Welt des Theaters durchzieht den gesamten Roman: zwei Theateraufführungen, „Die heimliche Gräfin" und Wagners „Lohengrin" bestimmen das 5. Kapitel, Wolfgang Buck gibt zeitweise seinen Beruf als Rechtsanwalt zugunsten des Theaters auf, der erste Auftritt des Kaisers im Roman wird von einem jungen Mann kommentiert mit „Theater, und nicht mal gut". Wolfgang Buck schließlich ist es, der die Gesellschaft mit dem Theatertopos zu entlarven trachtet, indem er den Schauspieler als „den repräsentativen Typus dieser Zeit" (157/193) bezeichnet und damit Heßling, aber auch den Kaiser meint. Die Auftritte und Handlungen beider Repräsentanten der Zeit werden als ‚schlechtes Komödiantentum' (181/223) abgewertet. Nicht die wirklichen Persönlichkeiten, wie etwa der alte Buck, bestimmen das öffentliche Leben, sondern Schauspieler, die ihr Leben als Rolle gestalten und an der Wirklichkeit vorbei leben.

Das Theatralische umfaßt alle Lebensbereiche, und die theatralische Gesellschaft entblößt sich im Prozeß gegen Lauer, doch am sinnfälligsten wird die leere Theatralik in der Schlußszene, der Enthüllung des Denkmals, entlarvt. Wolfgang Buck erkennt, daß „dieses Müllager" (347/431) aus „steinernen Sockeln, Adlern, Rundbänken, Löwen, Tempeln und Figuren", dieses „mystisch-heroische Spektakel" (ebd) nur dazu dient, „Theater" zu spielen, aber „kein gutes" (ebd).

Theater umfaßt alle Lebensbereiche

Der Prozeß gegen Lauer – eine theatralische Inszenierung

Das Zentrum des Romans: der Majestätsbeleidigungsprozeß

Der Prozeß gegen Lauer wegen Majestätsbeleidigung steht im Zentrum des Romans, das Plädoyer des jungen Buck, in dem er den Untertan als Typus der Zeit zu entlarven sucht, bildet recht genau die Mitte des Romans (179/222 f.), und auch der Umfang der Darstellung (etwa 30 Seiten) belegt die besondere Bedeutung dieser Episode.

Erst der Prozeß macht Heßlings Durchbruch in der Netziger Gesellschaft möglich. Anfangs sind seine neuen Freunde, die mit ihm nach dem Tod des Arbeiters im Ratskeller zusammensitzen, wenig geeignet, Erfolg zu garantieren: der Gymnasialprofessor ist eine erbärmliche Karikatur (nicht einmal ein Professor Unrat), und er hat keine Verbindung zur Macht; Jadassohn will erst Karriere machen; der Major ist pensioniert.

Heßlings Risiko

Heßlings politischer Durchbruch läßt auf sich warten, seine ‚Freunde‘ distanzieren sich vor dem Prozeß von ihm. Vergeblich sucht er auf dem Korridor vor dem Gerichtssaal „jemand, an den er sich hätte halten können" (161/198). „Stumm lastete die allgemeine Mißbilligung auf Diederich." (163/201) Heßling ist sogar bereit, Lauer zu entlasten (163/200). Erst als der Prozeß einen für ihn guten Verlauf nimmt, findet Heßling seine Selbstsicherheit wieder. Theatralisch schildert er vor Gericht die Vorfälle des Abends, und die Zuhörer „sahen die feindlichen Reihen sich bis zum Entscheidungskampf ordnen, Diederich wie mit geschwungenem Degen unter den gotischen Kronleuchter vorrükken und den Angeklagten herausfordern auf Leben und Tod" (175/216). „Hingerissen von der edlen Gesinnung", beendet Heßling seinen Auftritt vor Gericht mit den Worten:

Heßlings Durchbruch

Heßlings „edle Gesinnung"

> „Sachlich sein heißt deutsch sein! Und ich meinerseits ... bekenne mich zu meinen Handlungen, denn sie sind Ausfluß eines tadellosen Lebenswandels, der auch im eigenen Haus auf Ehre hält und weder Lüge noch Sittenlosigkeit kennt!" (176/217)

Heßling ist unversehens in die Rolle des idealisti-**Heßlings Rolle**
schen Kaisertreuen geschlüpft, diese Rolle, so ver-
logen sie im Hinblick auf seinen „tadellosen Le-
benswandel" ist, nimmt ihn so gefangen, daß er die
Wirklichkeit aus den Augen verliert, „von seinem
Ich ist nichts mehr übrig. Der Lohn läßt nicht auf
sich warten, und die Macht nickt ihm freundlich in
der Gestalt des Präsidenten Wulckow zu." (Scheibe, 222 f.) Nur der junge Buck erkennt die Theatralik „sachkundig und die Augen voll eines feindlichen Entzückens. Das war eine Volksrede! Ein
Auftritt von bombensicherer Wirkung! Ein Schla-
ger!" (176/216 f.)

Der Prozeß, in dem es vordergründig um Lauers **Demaskierung der**
Majestätsbeleidigung geht, entlarvt in seiner dra-**Macht**
maturgischen Konzeption von Aussagen, Gegen-
aussagen und Plädoyers das gesellschaftliche und
politische Leben von Netzig, demaskiert Schein
und Wirklichkeit, Macht und Ohnmacht. Gleichzeitig ist die Darstellung des Prozesses ein Spiel
mit dem Leser: von höherer Warte aus kann und
soll er richten; er muß den Prozeß als eine Parodie
auf Gerechtigkeit, als einen Angriff auf den Staat,
der einen derartigen Prozeß duldet, verstehen. Der
eigentliche Richter aber ist der Autor selbst, der in **Der Autor als**
seiner Wiedergabe des Prozesses aufdeckt, daß **Richter**
Macht Gerechtigkeit außer Kraft setzt, daß Recht
von Theatralik beeinflußt wird, daß der Untertan,
trotz der aufgedeckten Schäbigkeit, siegt.

So wie Heinrich Mann die Repräsentanten der
Macht und die Rechtspraxis des Kaiserreichs zu
dekuvrieren sucht, so versucht Wolfgang Buck den
Untertan zu demaskieren. Vor Gericht enthüllt er **Buck entlarvt den**
seine Spießigkeit, seine Verlogenheit, seine Groß-**Spießer**
mäuligkeit. In seinem Plädoyer spricht Wolfgang
Buck vordergründig nicht „vom Fürsten...", sondern vom Untertan, den er sich formt" (180/223),
dennoch verweist er sofort durch das Prädikat des
Relativsatzes auf den Kaiser, der diesen Typus des
unselbständigen, mittelmäßigen, schwankenden
Untertans hervorbringt:

„Ein Durchschnittsmensch mit gewöhnlichem
Verstand, abhängig von Umgebung und Gelegen-

heit, mutlos, solange hier die Dinge schlecht für ihn standen, und von großem Selbstbewußtsein, sobald sie sich gewendet hatten." (180/223)

Buck schärft den Blick für diesen neuen Typus:

Heßling – der neue Typus der Zeit

„das Prahlerische des Auftretens, die Kampfstimmung einer vorgeblichen Persönlichkeit, das Wirkenwollen um jeden Preis, wäre er auch von anderen zu zahlen. ... Und da es in Wirklichkeit und im Gesetz weder den Herren noch den Untertan gibt, erhält das öffentliche Leben einen Anstrich schlechten Komödiantentums. Die Gesinnung trägt Kostüm, Reden fallen wie von Kreuzrittern, indes man Blech erzeugt oder Papier." (181/223)

Theater und Plädoyer

Den „Anstrich schlechten Komödiantentums" kann Wolfgang Buck allerdings selbst nicht verleugnen, den Prozeß betrachtet er als eine Form des Theaters, er „hatte sich nicht entblödet, (Mädchen vom Stadttheater) ... zu seinem Plädoyer einzuladen" (179/220). Vor ihnen als sachkundigem Publikum gestaltet er sein Plädoyer als theatralischen Monolog. Unter beifälligem Gemurmel der „sonderbaren Freunde auf der Tribüne" (179/222) erhebt Buck sich ‚langsam' zu seiner Verteidigungsrede. Nach einem kurzen Angriff auf den Staatsanwalt fährt er „gelassen fort" und macht „sein Organ milde und warm". (180/222). Vor dem ersten Angriff auf den Untertan werden „die Worte ... in seinem Munde immer runder und gewichtiger" (180/223). Bucks theatralischer Auftritt wird von seinen Zuhörern genossen. „Die Leute vom Theater, denen es offenbar mehr auf die Worte als auf den Sinn ankam, ... murmelten beifällig." (181/224)

Der Kaiser als „Künstler"

Die unausgesprochene Beschreibung der eigenen Rolle und seine Kritik an der aufgesetzten Theatralik des Kaiserreichs verknüpft Wolfgang Buck, als er den Kaiser ironisch „einen großen Künstler" nennt und sich verbittet, „daß jeder mittelmäßige Zeitgenosse ihn nachäfft" (182/224). Ironisch entlarvt Buck die Scheinwelt des Kaisers, sein leeres Pathos, seine Theatralik, indem er die Einzigartigkeit dieses ‚Schauspielers' hervorhebt:

Das leere Pathos des Kaisers

132

„Im Glanz des Thrones mag einer seine zweifellos einzige Persönlichkeit spielen lassen, mag reden, ohne daß wir mehr von ihm erwarten als Reden, mag blitzen, blenden, den Haß imaginärer Rebellen herausfordern und den Beifall eines Parterres, das seine bürgerliche Wirklichkeit darüber nicht vergißt...". (182/224)

Bevor Buck nun den entscheidenden Angriff auf Heßling formuliert, läßt er wirkungsvoll „die Mundwinkel fallen, grau schien es um ihn herum zu werden" (182/225).
Bevor Buck vor der Gefährlichkeit des neuentstandenen Typus warnt, steigert er auch seinen schauspielerischen Einsatz. Zunächst macht er „sein Organ streng", erhebt es „zum ersten Male ... bis zum Pathos" (182/225), um schließlich am Höhepunkt seines Plädoyers die Arme auszubreiten, „als solle seine Toga die Welt umfassen" (183/226).
Eindringlich führt Buck dem Gericht vor Augen, daß dieser Untertan „in Härte und Unterdrückung ... den Sinn des Lebens" sehen könnte, daß er, der „schwach und friedfertig von Natur" ist, sich übt, „eisern zu scheinen, weil in seiner Vorstellung Bismarck es war. Und mit unberechtigter Berufung auf einen noch Höheren wird er lärmend und unsolide." (183/225) Beschwörend ruft Buck das Gericht auf, zu entscheiden,

Bucks Warnung vor dem Untertan

„ob künftig Männer wie der Angeklagte die Gefängnisse füllen oder Wesen wie der Zeuge Heßling der herrschende Teil der Nation sein sollen. Entscheiden Sie sich zwischen Streberei und mutiger Arbeit, zwischen Komödie und Wahrheit!" (183/226)

Bucks Entlarvung des Untertanengeistes zeigt allgemeine Wirkung und erregt Betroffenheit, doch auch Buck ist von dem Komödiantengeist, den er anprangert, nicht frei – der Schauspieler Buck will den Rechtsanwalt Buck übertreffen, ihm geht es um die letzte theatralische Wirkung, den Höhepunkt des Monologs, „aber Buck mißbrauchte seinen Erfolg, er ließ sich berauschen" (183/227). Damit besiegelt er nicht nur das Schicksal Lauers, er

133

pervertiert auch seine eigentliche Rolle als Verteidiger. So entlarvend seine Charakteristik des Untertans ist, so wenig eignet sich seine Einstellung,
um als Alternative zu Heßling verstanden zu werden. Bedeutung kommt Buck nur so lange zu, als er
den Untertan öffentlich demaskiert.

Theater als Spiegel der Gesellschaft

Goethes Drama „Die natürliche Tochter" als Vorbild der „heimlichen Gräfin"

Das Theaterstück der Gräfin von Wulckow „Die
heimliche Gräfin" hat sein Vorbild in Goethes Drama „Die natürliche Tochter".
Während Goethes Drama menschliche und moralische Konflikte darstellt, zeigt das Theaterstück der
Frau von Wulckow nur einen einfachen Erbstreit.

Trivialisierung des Vorbilds

Der zentrale Gedanke ist, die Aufteilung des Fami-
lienbesitzes zu verhindern. Dies gelingt dem Bruder der „heimlichen Gräfin". Zwar verspricht der
arme Vetter, die Grafentochter zu heiraten, schließlich jedoch ehelicht er die Tochter eines reichen Fa-
brikdirektors. Die heimliche Gräfin heiratet einen
Klavierlehrer:

Bühne als Spiegel der Wirklichkeit

„Der auf der Bühne dargestellte Kampf der Angehörigen des Adelsstandes um Macht und Geld besitzt eine doppelte inhaltlich-thematische Paralle-
le in der Zwischenhandlung auf der Romanebene.
Hier kämpft Frau von Wulckow mit dem Publikum
um den Erfolg ihres geistlosen Dichtwerks, während ihr Gatte mit dem Bürgermeister der Stadt
um die Festigung seiner privilegierten Position in
Netzig ringt. ... Seine Agitation richtet sich primär
gegen den städtischen Arbeitsnachweis – von Angehörigen der freisinnigen Partei zur Verminde-
rung der Arbeitslosen eingerichtet –, der den jun-
kerlichen Landbesitzern die billigen Arbeitskräfte
entzieht. Der Dialog auf Bühnen- und Romanebene ist hier stellenweise so ineinander verflochten,
daß sich die Fiktionsebenen gegenseitig entlarven.
Als die heimliche Gräfin auf der Bühnenebene behauptet, daß sich ‚für Geld andere erniedrigen mögen', erklärt Wulckow gerade dem Bürgermeister:
‚Dafür, daß es weniger Arbeitslose gibt, will ich

nicht bluten. Mein Geld ist mein Geld.' Während
hier durch die Bühnenebene die soziale Unmoral
der Romanrealität betont wird, entlarvt Wulckow
sich selbst und die Heuchelei der Bühnenadligen."
(Hocker, S. 48 f.)

Die Parallelführung von Romanhandlung und
Bühnengeschehen charakterisiert die gesell-
schaftspolitische Wirklichkeit: Im Roman und auf
der Bühne versucht der Adel seine Vormachtstel-
lung zu sichern, indem die finanziellen Machtmit-
tel eingesetzt und notfalls durch Heirat in das Be-
sitzbürgertum erweitert werden.

Heßling hat vor der Aufführung das diffamierende
Gerücht ausgestreut, daß Guste die uneheliche
Tochter des alten Buck sei, der sie aus finanziellen
Interessen mit seinem Sohn, der damit zugleich ihr
Bruder ist, verheiraten wolle. Diederich hofft mit
dieser Intrige, die Verbindung von Wolfgang Buck
und Guste Daimchen zu zerstören, um selbst in den
„Besitz" der reichen Erbin zu gelangen. *Wie auf der
Bühne sind Scheinmoral und Habgier die eigentlichen Beweggründe.* Es verwundert daher nicht,
daß Heßling aus der Bühnenhandlung einen praktischen Nutzen für das eigene Handeln zieht: Anfangs ist Heßling empört, daß der junge Graf seiner
Halbschwester die ihr zustehende Hälfte des Ver-
mögens verweigert und sie sogar als Erbschleiche-
rin verhaften lassen will. Die Erklärung der ‚Dich-
terin', daß der junge Graf für das ganze Geschlecht
arbeite, überzeugt ihn:

**Heßling lernt vom
Theater**

> „Diederich war hocherfreut. Dieser aristokrati-
> sche Gesichtspunkt kam auch ihm selbst zustatten,
> wenn er keine Neigung fühlte, Magda bei ihrer
> Verheiratung am Geschäft zu beteiligen." (209/
> 257)

Eine besondere Form der satirischen Entlarvung
findet sich in der Darstellung des Opernbesuchs
von Guste und Heßling. Die Oper scheint Heßling
Spiegel der gesellschaftlichen und politischen Verhältnisse zu sein, daher kann er die Handlung und
die Personen auf seine eigene Situation beziehen
und seine Umwelt wiedererkennen.

**„Lohengrin" als
Vorbild**

Mittelalter und Gegenwart

Heßling ist nicht imstande, Realität und Bühnenwelt zu trennen. Nicht verwunderlich, wenn man bedenkt, daß ihm schon im wirklichen Leben Schein und Sein durcheinandergeraten. Mittelalter und Gegenwart verschmelzen für ihn: „Schilder und Schwerter, viel rasselndes Blech, kaisertreue Gesinnung, Ha und Heil und hochgehaltene Banner und die deutsche Eiche: man hätte mitspielen mögen." (266/328) Er entlarvt sich erneut als ‚Schauspieler', und die folgenden Reaktionen auf das Bühnengeschehen verdichten diesen Eindruck.

Die Welt des Scheins

Er erliegt diesem ganz: Elsa erscheint ihm als „ausgesprochen germanischer Typ, ihr wallendes blondes Haar, ihr gutrassiges Benehmen boten von vornherein gewisse Garantien" (266/329). Erst Gustes hämischer Kommentar: „Die ausgemergelte Jüdin" und der Blick durch das Opernglas entlarven die „Welt des Scheins" (ebd).

Heßlings Rezeptionshaltung

Heßlings kindliche Unmittelbarkeit, mit der er am Bühnengeschehen teilnimmt – „Diederich hatte den Mund offen und so dummselige Augen, daß Guste heimlich einen Lachkrampf bekam" (267/328) –, verwandeln die Schauspieler in zeitgenössische Gestalten: Heßling vergleicht Wulckow mit dem König Telramund, seine Verbindungskameraden, einschließlich des dicken Delitzsch, erkennt er in den „Edlen und Mannen" wieder, Lohengrin verkörpert den Kaiser und die Macht. Daher muß er Elsas Neugier mißbilligen, „weil sie es nicht lassen konnte, ihren Mann nach seinen politischen Geheimnissen zu fragen" (269/332). Die Strafe ist somit gerecht: „Das kommt davon" (270/333).

Natürlich steht Heßling auf der Seite der „frisch ausgeschlafenen Edlen und Mannen" (268/330). Diese ‚Mannen', deren „nationale Gesinnung ... durchaus unverdächtig" (ebd) ist, stehen am Ende dem dritten Landesfürsten Gottfried „treu und bieder wie immer" (270/333) zur Seite. Kritiklos entziehen sie sich den Konflikten um die Macht, „ihre Huldigung" (ebd) bringen sie auch dem neuen Herrscher dar.

„Erhoben und tief befriedigt" von den Katastrophen, die „die Wesensäußerungen der Macht waren" (ebd), verläßt Heßling die Oper. Guste ist weniger beeindruckt, wenngleich sie die Oper in ähnlich naiver Weise wie ihr Mann verfolgt hat. Skeptisch wirft sie ein: „Wie komm ich dazu, daß ich muß draufgehen, weil Lohengrin ein temperamentloser Hammel ist. Nicht einmal in der Hochzeitsnacht hat Elsa von ihm was gemerkt." (270/334) Überwältigt von der Oper – „das ist deutsche Kunst" – (ebd) belehrt Heßling seine Frau über den Sinn der Oper, verknüpft noch einmal die Handlung mit der Gegenwart und verbindet Lohengrins Verhalten mit seiner Beziehung zu Guste: „,Die Geschichte mit dem Gral, das soll heißen, der allerhöchste Herr ist nächst Gott nur seinem Gewissen verantwortlich. Na, und wir wieder ihm. Wenn das Interesse Seiner Majestät in Betracht kommt, kannst du machen, was du willst, ich sage nichts, und eventuell –' Eine Handbewegung gab zu verstehen, daß auch er, in einen derartigen Konflikt gestellt, Guste unbedenklich dahinopfern würde." (270/333)

Heßlings Deutung der Oper

Die Enthüllung des Denkmals

Diederich Heßling, dem die ehrenvolle Aufgabe zukommt, die Rede zur Einweihung des Denkmals zu halten, betritt diese Szene, auf die der gesamte Roman zuzulaufen scheint, auf dem vorläufigen Höhepunkt seiner Karriere. Trotz einiger Situationen, in denen dieser Erfolg auf der Kippe stand, ist Heßling alles gelungen, was er sich vorgenommen hatte:
Guste hat ihm drei gesunde Kinder geboren, weitere Möglichkeiten eröffnet ihm das Verhältnis zu Käthchen Zillich. Geschäftlich hat Heßling seine geheimen Pläne verwirklicht, er ist Generaldirektor der Aktiengesellschaft Heßling-Klüsing.
Politisch ist es ihm gelungen, durch geschickte Intrigen, die liberalen Kräfte zu besiegen oder auf seine Seite zu ziehen, die sozialdemokratischen Kräfte auszunutzen und sich mit ihnen zu arran-

Höhepunkt des Romans: Die Enthüllung des Denkmals

gieren, und sogar den Vertreter der Staatsmacht, Wulckow, seine Grenzen ahnen zu lassen. Heßling ist der mächtigste Mann von Netzig, er hat damit die Rolle des alten Buck übernommen. In dieser Position scheint es gerechtfertigt, wenn er die Rede zur Denkmalsenthüllung hält. Aber Heßling genießt keineswegs die fraglose Anerkennung wie ehemals der alte Buck. So gelingt es ihm nicht einmal, einen Platz im Festzelt zu erobern, und er muß es sich sogar gefallen lassen, von einem untergeordneten Beamten zurückgehalten zu werden, bevor er seine Rede beginnen kann. Dennoch sind Guste und Heßling, trotz der Zurückweisung durch die Welt des Adels, von dieser Welt angezogen:

> „Sein Kronenorden vierter Klasse, seine schwarz-weiß-rote Schärpe und die Rede, die er vorzeigte, retteten ihn gerade noch, konnten aber keineswegs, weder vor der Welt noch vor ihm selbst, als vollwertiger Ersatz gelten für die Uniform. Sie, die einzige wirkliche Ehre, gebrach ihm nun einmal, und Diederich mußte auch hier wieder bemerken, daß man ohne Uniform, trotz sonstiger Erstklassigkeit, doch mit schlechtem Gewissen durchs Leben ging." (352/438)

Auch Guste akzeptiert fraglos die „Uniformen in allen Farben" (353/438), die Orden und die Offiziere: „Der Schlanke! Der muß ein echter Aristokrat sein, das seh ich gleich." (353/439) Heßlings Rede findet in einem Umfeld des Theatralischen statt, das er mit dem ‚Schöpfer des Denkmals' zusammen arrangiert hat und das ihn selbst begeistert: „Das ist das einzige, erstklassige Theater, es ist das Höchste, da kann man nichts machen!" (353/439) Links auf den Tribünen befindet sich das Militär, das sich durch Disziplin auszeichnet, auf der rechten Tribüne ‚balgt' sich die bessere Gesellschaft um die Plätze und zieht „alle Strenge der polizeilichen Überwachung" (352/437) auf sich. Das Volk bleibt im Hintergrund, abgehalten vom Schauspiel durch einen Militärkordon. Bezeichnenderweise bricht am Ende der Einweihung die schwarze Brandmauer, vor der das Volk steht, vom Blitz getroffen zusammen. Dem Denkmal gegenüber steht das Fest-

Die Kulisse des „Schauspiels"

zelt für die Spitzen der Gesellschaft, zu denen Heßling trotz seines wirtschaftlichen Wohlstandes
nicht zählt.

Damit ist das politische Spannungsverhältnis der
Zuschauer angedeutet: Machthaber, Adel, Groß-
bürgertum bilden den inneren Kreis und, von diesem durch das Militär abgehalten, nimmt das Volk
an der Enthüllung teil. Heßling sieht das gesamte
Arrangement als „erstklassiges Theater".

Dem äußeren theatralischen Rahmen für Heßlings
Rede entspricht das Pathos seiner Rede; sie enthält
„sämtliche Versatzstücke des Chauvinismus, Ger-
manenkults, ja bereits des Rassismus" (Emerich,
97), die Angriffe gegen den inneren und den äußeren Feind werden von den Zuhörern freudig akzeptiert, und die Aufwertung des nationalen Gedan-
kengutes wird gefeiert. Doch das Pathos und die
sich steigernde Häufung nationalistischer Gedanken werden von der Natur in die Schranken ver-
wiesen, die Natur kommentiert Heßlings Rede: Ein
Gewitter zieht auf aus der Richtung, in der das einfache Volk steht. Zunächst ist es nur ein Wind, der
„den Geruch des schwitzenden Volkes hinter dem
Militärkordon" (356/442) herüberträgt, dann verdüstert sich der Himmel, und es weht kälter. Als
Heßling pathetisch mit erhobener Hand ausruft:
„Darum kann es mit uns nie und nimmer das Ende
mit Schrecken nehmen, das dem Kaiserreich unseres Erbfeindes vorbehalten war!" (357 f./444) blitzt
es „zwischen dem Militärkordon und der Brandmauer, in der Gegend, wo das Volk zu vermuten
war, ... und ein Donnerschlag folgte, der entschieden zu weit ging." (358/444) Die Naturgewalt greift
als letzte Instanz ein und beweist, daß es noch eine
übergeordnete Gewalt gibt. Heßling versucht seine
donnernde Stimme (358/445) der Natur entgegenzusetzen, doch der eigentliche Höhepunkt des Fest-
aktes, die Enthüllung des Denkmals, geht im Chaos
unter, das Theatralische der Feier wird von einem
Gewitter ins Lächerliche gezogen. Aber zugleich
erhält das Unwetter eine übergeordnete Bedeutung, denn der Naturvorgang wird mehrfach mit
dem unterprivilegierten Volk in Beziehung gesetzt
und schließlich mit dem Umsturz gleichgesetzt: das

Natur und Volk

Natur als Symbol

Gewitter zieht aus der Richtung auf, wo das einfache Volk sich befindet, der aufkommende Wind trägt den Geruch des Volkes herüber und der erste Blitz schlägt dort ein, wo sich die gewöhnlichen Leute befanden, und vernichtet ein Gebäude. Das Naturereignis wird zum Symbol für das soziale Aufbegehren der unteren Schichten. Folgerichtig wird das Volk von den verheerenden Folgen des Gewitters nicht betroffen:

> „Glücklich das nicht privilegierte Volk, das draußen und über alle Berge war; die Besitzenden und Gebildeten dagegen waren in der Lage, daß sie auf ihren Köpfen schon die fliegenden Trümmer des Umsturzes fühlten, samt dem Feuer von oben." (360/448)

Zerstörte Ordnung

Auch die Flucht der Festgemeinde entlarvt die anfängliche Ordnung als künstliche: „dies Drunter und Drüber, dies Umeinanderkugeln, Sichaufhäufen und Abrutschen, dies Kopfstehen und ... dies Gefegtwerden von den Peitschen der Höhe" (361/449) beweist, daß der auf Theatralisches ausgerichtete Staat keine innere Stabilität und Sicherheit garantiert.

Dieses Naturereignis hat nur einen ersten Eindruck der Apokalypse eröffnet,

Vorboten des Umsturzes

> „die apokalyptischen Reiter ... hatten nur ein Manöver abgehalten für den Jüngsten Tag, der Ernstfall war es nicht." (361/449)

Aber die Gewittermetapher beschwört eine neue Dimension politischer Ereignisse: Das nächste Mal wird es kein Naturereignis sein, das die ‚apokalyptischen Reiter' herbeiruft, sondern das unterprivilegierte Volk wird seine Geschicke selbst in die Hand nehmen und den „Kehraus von Edel und Unfrei" (360/449) selbst übernehmen; dieses Mal ist es nur eine Warnung an „die Besitzenden und Gebildeten", die „auf ihren Köpfen schon die fliegenden Trümmer des Umsturzes fühlten, samt dem Feuer von oben." (360/448)

Bereits am Ende des 1. Kapitels bereitet Heinrich

Mann den Boden für die Naturmetapher, die demonstrierenden Arbeitslosen bewegen sich „stumm und unaufhaltsam wie übergetretenes Wasser. Der Wagenverkehr stockte, die Fußgänger stauten sich, mit hineingezogen in die langsame Überschwemmung, worin der Platz ertrank, in dies trübe und mißfarbene Meer der Armen. ... Anschwellend über die Menge hinrollend, wie aus einer Gewitterwolke: ‚Brot! Arbeit!'" (44/53 f.) Vergleiche und Bilder veranschaulichen in diesem ersten Kapitel den Protest, im letzten Kapitel wird das Unwetter den sozialen Vorgängen zugeordnet, und Heßling selbst macht in seiner Rede auf die Verknüpfung von Volksherrschaft und Natur aufmerksam, indem er vor der „Schlammflut der Demokratie" (358/445) warnt.

Die Gewittermetapher drückt die Hoffnung aus, daß der Tag kommen wird, an dem die Volksherrschaft über die menschenverachtende Macht triumphiert und die revolutionären Kräfte das korrupte System überwinden.

Daß Heinrich Mann die heraufbeschworene Apokalypse zunächst nicht als Kriegsvorausdeutung verstanden wissen wollte, legt seine Eintragung in seinem Notizbuch vom 15. August 1915 nahe, voll Bitterkeit entschuldigt er sich bei seinem Helden:

> „Sein Held ist es, den der Autor um Entschuldigung bittet. Er hat mehr über ihn gewußt als irgendwer, aber doch nicht, daß er es so weit bringen würde. Er hat ihn ungemein ernst genommen, aber so furchtbar ernst nicht. Der Autor hat nicht geglaubt, sein Held werde die letzte Folge seines Daseins erleben, den Krieg gegen Europa. ... Nur der Autor, nicht sein Held, war in dem Irrtum befangen, dieser 2. August werde nicht kommen. Der Autor bittet seinen Helden demüthig um Entschuldigung, der Held war der Stärkere. Sein Verhältnis zur Macht war mehr als Schauspielerei. ... Was an ihm lag, hat der Held wirklich unternommen." (Heinrich Mann: 1871–1950, 467 f.)

Zeitgeschichtliche Hintergründe des Romans

Die Lesewiderstände, die sich dem heutigen Leser des Romans an einigen Stellen entgegenstellen, sind nicht zuletzt begründet in der historischen Dimension. Die folgenden Erläuterungen sollen das Verständnis der historischen und politischen Anspielungen erleichtern, und gleichzeitig ein Bild der Zeit schaffen, die Heinrich Mann in satirischer Brechung kritisiert hat.

Historische Ereignisse im Roman

Das Romangeschehen spielt sich zwischen 1889 und 1897 ab. Zu Beginn des Romans wird Bismarck als Kanzler erwähnt, die Handlung liegt demnach vor dem 18. März 1890, das Ende des Romans spielt auf den 100. Geburtstag von Wilhelm I. am 22. März 1897 an. Mehr als die Hälfte des Romans spielt in den Jahren 1892/1893.

Februarkrawalle

Einige historische Ereignisse lassen sich zeitlich genau fixieren: 1892 die Februarkrawalle, 1893 die Militärvorlage, 1893 die Romreise des Kaisers und die Weigerung des Reichstages, die Heeresvorlage zu verabschieden, die Auflösung des Reichstages am 6. Mai 1893 und Neuwahlen am 15. Juni, 1897–1900 Einweihung zahlreicher Kaiser-Wilhelm-Denkmäler, 1892 der „Fall Lück": Ein angetrunkener Arbeiter soll in Berlin einen Posten vor einer Kaserne belästigt haben, als der Arbeiter auf Anruf des Postens flieht, erschießt dieser den Arbeiter. Der Posten wird aufgrund „seines korrekten Benehmens auf Posten" zum Gefreiten befördert, nachdem er zuvor „von seinem Hauptmann, Major und Obersten durch Belobigung und Geldgeschenke ausgezeichnet worden war." (Schröder, S. 18 – hier fällt die fast wörtliche Verwendung des Textes in H. Manns Roman auf.) Im Zusammenhang mit dem Ergebenheitstelegramm an den Kaiser spielt ein Brief des Kaisers, den der Redakteur Nothgroschen mitgebracht hat, eine wichtige Rolle. In ihm bekennt sich der Kaiser „zum positiven Christentum" (117/144). Am 15. 2. 1903 hatte Wilhelm II. an

Der „Fall Lück"

Der Kaiser und das Christentum

142

Hollmann einen Brief gesandt, in dem er seine Auffassung der christlichen Offenbarungslehre darlegt und zehn historische Personen als „Werkzeuge Gottes" benennt: Hammurabi, Moses, Abraham, Karl der Große, Luther, Shakespeare, Goethe, Kant, Kaiser Wilhelm der Große. (Vergl. 117 f./145)

Herrschaftsordnung im Kaiserreich

Der ersten Generation der Leser wird eines der zentralen satirischen Mittel des Romans sofort ins Auge gefallen sein: die parodierende Verwendung von Äußerungen des Kaisers. Wer 1914 die in Zeitungen abgedruckten Kaiserreden gelesen hatte, dem mußten Heßlings politische Äußerungen als Kaiserworte auffallen, selbst wenn sie nicht gekennzeichnet waren.

Kaiser Wilhelm II.

H. Eggert hat recht überzeugend erläutert, daß H. Mann mit großer Wahrscheinlichkeit Schröders 1907 erschienenes Buch „Das persönliche Regiment. Reden und sonstige öffentliche Äußerungen Wilhelms II." als Quelle benutzt hat. Schröder hat Kernstellen von Äußerungen Wilhelms II. ausgewählt und zitiert sie im unabgeschwächten Wortlaut, d. h. er verwendet zumeist nicht die offiziellen Fassungen, sondern Telegramme u. ä. Durch Hervorhebungen besonders krasser Äußerungen im Fettdruck gewinnt das Buch den Charakter einer Schlagwortsammlung. Diese hervorgehobenen Äußerungen finden sich in H. Manns Text gehäuft wieder.

Die Kaiserzitate und ihre Quellen

Aber auch die Vielzahl versteckter Parallelen zwischen Kaiser Wilhelm II. und Heßling sind dem zeitgenössischen Leser bewußter gewesen als uns, sicherlich hat die Entschlüsselung dieser Parallelen einen Teil der Lesefreude ausgemacht.

Einige Hinweise zur Jugend Wilhelms II. mögen die unterschwelligen Parallelitäten zwischen Roman und historischer Figur aufzeigen: Bei der Geburt Wilhelms II. kam es durch ärztliche Kunstfehler zu schweren Schäden. Die Nerven, die die Bewegung

Kaiser Wilhelms II. unglückliche Kindheit

143

des linken Arms steuern, wurden geschädigt, die Folge war eine teilweise Lähmung und eine mangelhafte Entwicklung des linken Armes, aber auch eine Schädigung der linken Hals- und Gesichtshälfte. Röhl weist in seiner Biographie nach, daß weniger die Behinderung zur nachhaltigen Störung in der Persönlichkeitsentwicklung Wilhelms II. geführt hat, als vielmehr die Behandlungsmethoden. Massagen und gymnastische Übungen wurden durch „animalische Bäder" unterstützt, d. h., der linke Arm wurde zweimal wöchentlich eine halbe Stunde in den Kadaver eines frisch geschlachteten Hasen gesteckt. Der gesunde rechte Arm wurde täglich eine Stunde festgebunden, was zur Folge hatte, daß das Kind, als es laufen lernte, ständig schmerzhaft auf das Gesicht fiel. Zu dieser Behandlung kamen Elektroschocks und schließlich zur Behandlung des Schiefhalses eine „Kopfstreckmaschine". Vom achten Lebensjahr an mußte der Junge dreimal am Tag eine Armstreckmaschine anlegen. Physisch blieben diese Behandlungen wirkungslos, doch kamen die Therapien einer grauenvollen Kindesmißhandlung gleich. Die Mutter bringt dem Erstgeborenen in den ersten Lebensjahren liebevolle Fürsorge entgegen, kann aber die Behinderung des Sohnes nicht verwinden, und im Laufe der Zeit entwickelt sich ein kompliziertes Mutter-Sohn-Verhältnis, das sich bis zu gegenseitiger Ablehnung, ja bis zum Haß steigert. Erzieher, Ärzte, Kammerdiener, Sportlehrer, Reitlehrer umgeben Wilhelm II., notieren seine Entwicklung und melden sie den Eltern. Die Krönung der Erziehung ist der Erziehungsplan des Gymnasiallehrers Hinzpeter, der den Tagesablauf von 6 Uhr morgens bis 9 Uhr abends minuziös bestimmt:

Unmenschliche Behandlungsmethoden

Das Verhältnis zur Mutter

Hinzpeters kritische Beurteilung des Prinzen

„Bereits am Gymnasiasten rügte (Hinzpeter) Unkonzentriertheit und Lernunfähigkeit, eine Versteifung des Charakters, den ‚fast krystallinisch hart gefügten Egoismus', der ‚den innersten Kern seines Wesens' ausmache. Auf den Gedanken, daß er daran mitschuldig sein könnte, schien der Pädagoge, der sich im Besitz der richtigen Erziehungsmethode glaubte, nicht gekommen zu sein. Rückblickend klagte Wilhelm II., freudlos wie sein Wesen sei die Pädagogik Hinzpeters gewesen, ‚und

freudlos die Jugendzeit, durch die mich die harte
Hand des spartanischen Idealisten geführt hat'."
(Herre: Wilhelm II., 23)

Überforderung, Strenge, Zurechtweisungen und
Ermahnungen machten den jungen Prinzen immer
anfälliger für Schmeicheleien.

Deutlich erkennbar sind die Parallelen zu der Erziehung Diederich Heßlings, hier wie dort werden
die frühkindlichen Erfahrungen zur Grundlage
späterer Verhaltensweisen, das gestörte Verhältnis
zur Mutter wird in beiden Fällen erkennbar.

Parallelen zu Heßling

An der Spitze der gesellschaftlichen Pyramide
stand nach wie vor der *Adel*, allen voran das Haus
Hohenzollern. Preußen war bemüht, die aristokratischen Ideen in der Zivil- und Militärverwaltung
zu sichern, die Schlüsselpositionen wurden mit
streng konservativen Adligen und Bürgerlichen besetzt. Bismarck war es gelungen, die neue und die
alte Elite, das Wirtschaftsbürgertum und die Junker, miteinander zu versöhnen und eine gemeinsame Interessenpolitik gegen das Proletariat zu bilden. Militär, Justiz, Verwaltung, Schule, Universität und andere staatliche Institutionen waren die
Instrumente, um konservative politische Ideen weiterzutragen. Die traditionellen Wertbegriffe des
Adels, Pflichtbewußtsein, Verantwortungsgefühl,
Mut, Treue und Ehrgefühl, wurden vom Bürgertum
ebenso übernommen wie die Ideologie des Adels, die
sich in Antisozialismus, Antisemitismus, Militaris-
mus, Nationalismus äußerte. Zu den staatlichen Institutionen gesellten sich eine Vielzahl von Interes-
senverbänden.

Der Adel: die Spitze der Gesellschaft

Wertbegriffe des Adels

Nach der Revolution von 1848/49 war die Frage,
welchen politischen Ort die Armee einnähme, nicht
endgültig entschieden. Es blieb offen, ob die Armee
ein Instrument des Staates sei und damit einer Kon-
trolle des Parlaments durch die verfassungsmäßige
Stellung des Kriegsministers unterliege oder ob die
Armee losgelöst von anderen Staatsorganen nur der
monarchischen Kommandogewalt unterstellt sei.
Wilhelm II. sah sich als Oberster Kriegsherr und
beabsichtigte, die Kommandogewalt persönlich
wahrzunehmen. Nach der Reichstagswahl vom 20.

Das Militär

Februar 1890, in der die Sozialdemokraten alle anderen Parteien, gemessen an der Zahl der abgegebenen Stimmen, hinter sich ließen, erhielt das Militär die innenpolitische Aufgabe, jene Organisationen, Führer, Agitatoren, die das politische System bedrohen könnten, zu überwachen. Gleichzeitig zog Wilhelm II. ein preußisches Gesetz von 1851 über den Belagerungszustand zu Hilfe, um Kommandeuren bis hinunter zum Garnisonsältesten die Möglichkeit zu eröffnen, den Belagerungszustand zu erklären und in diesem Falle, sollte es die öffentliche Sicherheit erfordern, von Schußwaffen Gebrauch zu machen. Während man also auf der einen Seite die Armee auf den Einsatz im Bürgerkrieg vorbereitete, wuchs auf der anderen Seite die Erkenntnis, daß die sozialdemokratische Gefahr durch Gewalt nicht bekämpft werden konnte.

Innenpolitische Aufgaben des Militärs

Das Offizierskorps

Wilhelm II. sah im Offizierskorps ein unentbehrliches Instrument, die Kommandogewalt für sich zu bewahren, und demzufolge trat er für die Eigenständigkeit des Offizierskorps ein, jedoch der Mangel an adligen Führungskräften veranlaßte ihn zu einem Erlaß vom 29. März 1890, in dem er in verstärktem Maße bürgerlichen Kreisen die Offizierslaufbahn eröffnete. Dem ‚Adel der Geburt' wurde nun der ‚Adel an Gesinnung' an die Seite gestellt, wesentlich waren ‚die Liebe zu König und Vaterland, ein warmes Herz für den Soldatenstand und christliche Gesittung'. Waren 1865 noch 65% der preußischen Offiziere adlig, so waren es 1913 nur noch 30%, allerdings waren die höheren Führungspositionen fast ausschließlich mit adligen Offizieren besetzt.

Dennoch kann nicht von einem reformierenden Einfluß durch diese „Verbürgerlichung" gesprochen werden, vielmehr sah das konservative und nationalliberale Bürgertum in der Aufnahme der Söhne in das preußisch-deutsche Offizierskorps eine wesentliche Stufe gesellschaftlichen Aufstiegs. Vor allem über die Institution des Reserveoffiziers drangen Wert- und Ehrvorstellungen des Militärs in das allgemeine gesellschaftliche Leben ein.

Kriegervereine

Um 1839 wurden die ersten *Kriegervereine* gegründet, die der Erinnerung an die Dienstzeit im Heer und der Pflege patriotischer Gesinnung dienten. Seit 1842 war ihnen die Beerdigung verstorbener Kameraden mit militärischer Parade gestattet, zu diesen Feierlichkeiten und zu Vereinsfesten war das Tragen einer vorgeschriebenen Uniform sowie das Tragen von Waffen erlaubt.

Der Krieg von 1870/71 führte in breiten Kreisen Deutschlands zu patriotisch-militärischer Stimmung, die sich in weiteren Gründungen von Kriegervereinen niederschlug. Waren diese Vereine anfangs als Begräbnisvereine begründet, so nahmen sie im Laufe der Jahre Reservisten und inaktive Offiziere auf. Immer deutlicher unterstützten diese Kriegervereine die konservativen Parteien. Die Kriegervereine sahen ihren Auftrag in der Abwehr staatsgefährdender Bestrebungen, in der Pflege patriotischer Gesinnung und in der Erziehung der heranwachsenden Generation gegen die zersetzenden Einflüsse der antimonarchischen Tendenzen. Zudem verstanden sie sich als Kampfstätten gegen die Sozialdemokratie.

Wachsende Bedeutung der Vereine

Politische Ideen

Erziehungs- und Sozialisationsinstanzen

Ziel der gymnasialen Bildung war der gebildete Mensch, nicht aber der politisch bewußte Bürger. Das Gymnasium sah seine Aufgabe als bestätigendes Organ des jeweils vom Staat als gültig Gesehenen. Wissen wurde häufig nur mechanisch angelernt. Das Abitur war die Voraussetzung zum Studium, mit dem sich für das Bürgertum die wichtigste Möglichkeit, auf der sozialen Stufenleiter vorzurücken, ergab. Ein akademischer Titel war die Voraussetzung für viele Stellungen innerhalb der Regierung, gleichzeitig gewährte die akademische Bildung eine Verkürzung der Wehrpflicht von drei Jahren auf ein Jahr.

Die Universitätsstudenten gehörten zu den privilegierten Personen im Deutschen Reich. Sie konnten ihren Militärdienst verkürzen und ihren Anspruch

Das Gymnasium

Verbindungen

auf höhere Stellungen im Staatsdienst geltend machen. Studentische Verbindungen gaben dem einzelnen Studenten eine dauerhafte Einbindung in eine gleichgesinnte Gruppe und eröffneten zugleich das Beziehungsnetz zu ‚alten Herren', also ehemaligen Korpsstudenten.

In den letzten Jahren des 19. Jahrhunderts läßt sich eine deutliche Tendenz hin zum Konservatismus innerhalb der studentischen Organisationen erkennen. Diese Organisationen waren zu „bierseligen, schlagenden und liedergrölenden Brüderschaften geworden". (Craig, 189)

Mensur

Die Mensur war eine Art ritterlicher Zweikampf, mit dem Zweck, Selbstbeherrschung und Unerschütterlichkeit in unangenehmen Situationen zu zeigen. Die Korpsstudenten sollten für sich selbst einstehen und ihren eigenen Weg gehen, ohne sich um das Urteil anderer zu scheren. Ihr eigener Kodex wurde zum Maßstab des Rechts. Die Wunden, die man bei den Mensuren davontrug, Schmisse im Gesicht, wurden – wie für Heßling – zum Symbol der Männlichkeit:

> „Seine Männlichkeit stand ihm mit Schmissen, die das Kinn spalteten, rissig durch die Wangen fuhren und in den kurz geschorenen Schädel hackten, drohend auf dem Gesicht geschrieben." (28/34)

Die Konfliktstruktur des politischen Systems

Die Parteien

Das Gewicht der demokratisch legitimierten Kräfte im wilhelminischen Kaiserreich war geringer als das der außerdemokratischen Institutionen. Dennoch bildeten diese Parteien Zentren politischer Meinungsentwicklung.

Das konservative Lager

Die konservativen Parteien waren die Parteien, die von Adel, Militär und Verwaltung gewählt wurden. Eine wichtige Rolle spielte hier die *Deutschkonservative Partei,* die im Reichstag von 1893 72 Stimmen besaß, sie betonte deutsch-nationales Bewußtsein, suchte den jüdischen Einfluß zu bekämpfen und legte Wert auf christliche Lebensanschauung in Volk und Staat. Zugleich galt der Kampf der „gewissenlosen Presse" und sozialdemokratischen Bestrebungen.

Die Freisinnigen

Mit 66 Stimmen war die *Deutsche freisinnige Partei* im Reichstag von 1890 vertreten, vor der Reichstagswahl von 1893 spaltete sich die *Freisinnige Vereinigung* ab. Die Spaltung erfolgte, weil diese Gruppierung geneigt war, sich mit der Regierung in der Militärfrage zu verständigen. Sie erhielt bei den Wahlen 1893 nur noch 12 Sitze.

Die politischen Ziele

Ihr gegenüber stand die *Freisinnige Volkspartei,* die für den Ausbau der politischen Freiheit und die Verbesserung allgemeiner sozialer Bedingungen eintrat. Die Freisinnige Volkspartei setzte sich für die Pressefreiheit, den Ausbau der Arbeitsschutzgesetze, die Unterstützung der internationalen Friedensbestrebungen ein, sie sprach sich u. a. gegen Monopole, gegen die Bevorzugung von Beamten und Offiziersvereinen sowie gegen Duelle aus.

Die Freisinnige Volkspartei erhielt 1893 nach Stichwahlen 24 Sitze, aber der Niedergang des Liberalismus war nicht aufzuhalten. Führer dieser Partei war Eugen Richter, der im „Untertan" erwähnt wird und zu dessen Netziger Anhängern Heuteufel zählt.

Die Sozialdemo-kratie

In dem Maße, in dem die Arbeiterschaft sich zahlenmäßig entwickelte, vergrößerte sich die Bedeutung der Sozialdemokratischen Partei und der Gewerkschaftsbewegung. Nach der Aufhebung der Sozialistengesetze 1890, die zum Konflikt zwischen Wilhelm II. und Bismarck führte und dessen Entlassung zur Folge hatte, zog die neu formierte und nun legalisierte Sozialdemokratische Partei Deutschlands zahlreiche neue Mitglieder an.

Ziele der Partei

Zum Schutz der Arbeiterklasse verfolgte die Sozialdemokratische Partei u. a. wirksame Arbeitsschutzgesetzgebungen, das Verbot der Kinderarbeit (unter 14 Jahren) und den 8-Stunden-Arbeitstag. Darüber hinaus setzte man sich für die Abschaffung der Gesetze ein, die die Frau in öffentlicher und privatrechtlicher Beziehung dem Mann unterordnet. Doch während auf der einen Seite re-

149

volutionäre Ideen vertreten wurden, glichen sich
zahlenmäßig bedeutende Flügel der Partei immer
deutlicher den bürgerlichen Parteien und ihren
Zielen an. Dies war nicht zuletzt auch durch Veränderungen innerhalb der Arbeiterklasse bedingt.
Zugleich wurde auch die Partei bürokratischer und
darauf bedacht, ihre eigene Struktur zu festigen.
1890 zogen 35 Abgeordnete in den Reichstag ein,
1893 waren es 44 und 1903 schließlich 81 Abgeordnete, auf die 31,7% der Stimmen entfielen.

Die Situation der Frau

**Unterdrückung
der Frauen**

Der herrschenden Klasse „lag ebenso viel daran,
die weibliche Bevölkerung in einem Zustand der
Unmündigkeit zu erhalten, wie daran, den Sozia-
lismus zu bekämpfen. Alle rechtlichen Möglichkeiten, jede Form des finanziellen und moralischen
Drucks wurden eingesetzt, um die Vorherrschaft
der Männer in Staat, Gesellschaft und Familie auf-
rechtzuerhalten." (Craig, 190) Grundlegende Bür-
gerrechte wie Wahlrecht und Mitgliedschaft in politischen Organisationen blieben den Frauen vor-
enthalten, sie hatten keine Möglichkeit, Positionen
in Behörden oder in der Regierung einzunehmen.
Sogar die Reifeprüfung konnten Frauen in Preußen
erst nach 1896 ablegen, bis zur Jahrhundertwende
nahmen die Universitäten keine weiblichen Studenten auf. Gerade aber die unverheirateten Frau-
en aus der Bürgerschicht waren in ihren Möglichkeiten, sich beruflich zu betätigen, am stärksten

**Das Ideal: die
häusliche Ehefrau**

eingeschränkt. Das angestrebte Ideal war die Ehefrau, die ihrem Mann eine hübsche Häuslichkeit
schafft, die treusorgende Mutter und die charman-
te Gastgeberin. Während der Ehemann sich durchaus mit Prostituierten oder der ‚kleinen Freundin‘
aus der Unterschicht amüsieren durfte, wurde die
Untreue der verheirateten Frau als unverzeihliches
Verbrechen geahndet (vergl. Fontanes „Effi
Briest"). Juristisch hatte die Frau in jedem Fall das
Nachsehen.

Die Entstehung des Romans

Über die Entstehung des Romans und die Druckge-
schichte sind wir gut informiert, nicht zuletzt
durch vielfältige Hinweise des Autors, durch seine
Briefe und durch sein Memoirenwerk „Ein Zeitalter wird besichtigt" (1945). Darin schreibt er:

> „Den Roman des bürgerlichen Deutschen unter
> der Regierung Wilhelms II. dokumentierte ich seit
> 1906. Beendet habe ich die Handschrift 1914, zwei
> Monate vor Ausbruch des Krieges – der in dem
> Buch nahe und unausweichlich erscheint." (H.
> Mann: Zeitalter, 187)

Zwei Erlebnisse haben in Heinrich Mann nach seinen eigenen Aussagen die Idee zu seinem Roman
reifen lassen. 1906 beobachtete er in einem Café
unter den Linden in Berlin „die gedrängte Menge
bürgerlichen Publikums", er fand sie „laut ohne
Würde, ihre herausfordernden Manieren verrieten
(ihm) ... ihre geheime Feigheit". Während sie
„massig an die breiten Fensterscheiben" stürzten,
„als draußen der Kaiser ritt", wurde

**Erste Anregungen
zum Roman**

> „ein Arbeiter ... aus dem Lokal verwiesen. Ihm
> war der absonderliche Einfall gekommen, als
> könnte auch er für dasselbe billige Geld wie die
> anders Gekleideten, hier seinen Kaffee genießen.
> Unter einer Decke, von der lebensgroße Stuckfigu-
> ren hingen. Zwischen den schlecht gemalten Mili-
> tärparaden an beiden Längswänden!" (H. Mann:
> Zeitalter, 222 f.)

**Der Arbeiter im
Lokal**

Dies Ereignis, so sagt H. Mann, habe ihn „reif für
den Untertan gemacht". Schon hier wird jenes satirische Element erkennbar, das den Roman bestimmt: Das Unechte, der vordergründige Schein,
die Illusion des Großartigen bestimmen die Wirklichkeit; Kleidung, Stuck, Theatralik werden als
Werte akzeptiert.
Die zweite Inspiration erhielt H. Mann in einem
Freiluftsanatorium im Harz:

Der Nackte im Luftbad

„Er erblickte die Figur, die er sofort den Untertan nannte, nackt in einem Luftbad. Daran schlossen sich andere Vorstellungen, jener unbekleidete Mensch rief sie hervor, er trat darin auf und zeigte sich von allen Seiten. Die zahlreichen Gestaltungen, die hieraus allmählich wurden, die ganze soziale Bilderfolge, die später den Roman ,Der Untertan' ausmachte, sie hätten sich möglichenfalls niemals zusammengeschlossen ohne den Mann im Luftbad." (H. Mann: Das öffentliche Leben, 338)

Karikaturen

Auch die satirische Zeitschrift „Simplicissimus" hatte in dieser Zeit das Thema des unbekleideten Spießers aufgegriffen. 1902 äußern zwei nackte, fettbäuchige Spießer beim Betreten eines Schwimmbades, sie fühlten sich an die Schlacht bei Arausio erinnert, „wo unsere tapferen Vorfahren durch den bloßen Anblick ihrer Leiber den Schrecken der Römer erregten".

Das Bild des nackten Spießers hat im Roman seine Spuren in der z. T. grotesken Kleiderrepräsentation und der Betonung des Körperlichen hinterlassen.

Konzeption des Romans

Zwischen diesen ersten Erlebnissen und der endgültigen Niederschrift liegen etwa 8 Jahre, in denen der Roman allmählich Gestalt annahm. Am aufschlußreichsten für die Konzeption ist ein Notizbuch von 1900–1907, das einen Gesamtplan zum Roman mit dem Titel „Der Unterthan Roman Diederich Hänfling" und Notizen zu einzelnen Aspekten enthält (z. B. „Stammtisch", „Sozialisten", „Leitworte" (aus dem Wörterbuch des wilhelminischen Untertanen)).

Ein Brief vom 31. 10. 1906 an L. Ewers ist eines der ersten Zeugnisse zur Entstehung des Romans und verdeutlicht H. Manns Absicht:

Die Großstadt Berlin

„Seit ich in Berlin bin, lebe ich unter dem Druck dieser sklavischen Masse ohne Ideale. Zu dem alten menschenverachtenden preußischen Unteroffiziersgeist ist hier die maschinenmäßige Massenhaftigkeit der Weltstadt gekommen, und das Ergebnis ist ein Sinken der Menschenwürde unter jedes bekannte Maß." (Ebersbach, 144 f.)

Das Berlin der Jahrhundertwende ist in Heinrich Manns Augen der Schmelztiegel überholter, menschenverachtender preußischer Prinzipien und zeigt die negativen Folgen der Industrialisierung: Vereinzelung, Unterdrückung, Brutalisierung sind die Ergebnisse dieser Verschmelzung. Der Kampf aller gegen alle, der sich aus dem Massenhaften „ohne Ideale" ergibt, nimmt in dem negativen Helden Heßling Gestalt an, er ist „der durchschnittliche Neudeutsche". Gleichzeitig spiegelt der Roman gesellschaftliche Wirklichkeit wider, wie H. Mann sie empfindet.

Negative Folgen der Industrialisierung

> „Romane, wie meinesgleichen sie schreibt, sind innere Zeitgeschichte.... Den menschlichen Verhältnissen, die sie darstellen, liegen überall zu Grunde die Machtverhältnisse der Geschichte." (Brief an Hatvani. 3. April 1922)

Weiterhin finden wir hier die Diskussion mit Inés Schmied um den Namen der Hauptfigur. Heinrich Mann war unschlüssig, ob er ihn Hänfling, Demmling oder Heßling nennen sollte. Inés Schmied schrieb am 3. 9. 1906:

Diskussion um den Namen des Helden

> „Der Name Unterthan für Dein Buch gefällt mir sehr, aber nenne bitte Diederich Heßling nicht Demmling. Demmling klingt gesucht, man muß an dumm denken, aber Heßling klingt, finde ich, so philisterhaft gehässig, muffig." (H. Mann, 1871– 1950, 125)

Schon im Notizbuch wird die Struktur des Romans (Kindheit, Schule, Studentenzeit, Geschäftsumbruch) klar erkennbar, auch Heßling ist schon in seinen wesentlichen Zügen und in seiner negativen Entwicklung vorgezeichnet.

> „Als Knabe weich, träge, empfindsam gegen sich, grausam gegen Thiere, ohne Selbstvertrauen... Den sozial. Störer (Napoleon Fischer) haßt er auch aus Machtwillen und Habsucht: hauptsächlich aber aus beleidigter Ordnungsliebe." (H. Mann, 1871–1895, 444 f.)

H. Manns Charakteristik des Untertanen

Ob H. Mann seinen Untertan tatsächlich – wie in der Sekundärliteratur vielfach aufgeführt – „positiver, weniger satirisch zugespitzt als im Roman", „mit weniger Haß" (Kirsch und Schmidt, 114) sieht, bleibt fraglich, angesichts seiner Äußerung von 1910, Heßling sei der „widerwärtig interessante Typus des imperialistischen Untertanen, des Chauvinisten ohne Mitverantwortung, des in der Masse verschwindenden Machtanbeters, des Autoritätsgläubigen wider besseres Wissen" (H. Mann, Heinrich: Reichstag, 11)

Der Vorabdruck des Romans

Zensureingriffe

Intensiv arbeitet Heinrich Mann seit Ende 1911 an seinem Roman; einzelne Romankapitel wurden u. a. in der satirischen Zeitschrift „Simplicissimus" veröffentlicht. 1913 schloß die illustrierte, nationalliberale Wochenschrift „Zeit im Bild" mit H. Mann einen Vertrag über den Abdruck des Romans in Fortsetzungen ab. Am 1. Januar 1914 begann der Vorabdruck, der propagandistische Untertitel „Geschichte der öffentlichen Seele unter Wilhelm II." fiel möglicherweise der Zensur zum Opfer. Der Chefredakteur der Zeitschrift hatte sich bei Vertragsabschluß Streichungen vorbehalten, und H. Mann hatte, offensichtlich auf Druck der Redaktion, gegenüber seinem handschriftlichen Manuskript an kritischen Stellen Änderungen vorgenommen. So wird beispielsweise die Erschießung des Arbeiters Lück (108/133) im Manuskript von ‚seiner Majestät allerhöchst selbst' gerechtfertigt, im Vorabdruck wird diese Passage abgeschwächt. Am Tag der deutschen Kriegserklärung an Rußland, am 1. August 1914, schrieb man im Namen der Redaktion an Heinrich Mann:

Kriegsbeginn und Abbruch des Vorabdrucks

„Im gegenwärtigen Augenblick kann ein großes öffentliches Organ nicht in satirischer Form an deutschen Verhältnissen Kritik üben. Die durch die künstlerische Behandlungsweise des Stoffes geschaffene Distanz vom Leben dürfte in so erregten Zeiten wohl nur von den Allerwenigsten beachtet und anerkannt werden. Man würde sich an das Inhaltliche des Romans „Der Untertan" als reale Tatsache halten. So betrachtet würden einzelne Stellen des Untertans bei der jetzigen kritischen Situation leicht im breiteren Publikum Anstoß erregen. Ganz abgesehen davon dürften wir bei der geringsten direkten Anspielung politischer Natur, etwa auf die Person des Kaisers, die ärgsten Zensurschwierigkeiten bekommen." (Walter Kühn an H. Mann am 1. Aug. 1914).

Am 13. August 1914 erschien die 32. und letzte Fortsetzung, etwa $^4/_5$ des Romans waren veröffentlicht worden. Kommentarlos schloß der Roman:

Die letzte Folge

> „Der Kläger Buck wünschte festgestellt zu sehen, daß der verstorbene Kühlemann es gewesen sei, der mit Klüsing verhandelt habe: Kühlemann selbst, der Spender des Geldes. Aber die Feststellung mißlang... Ende"

Tatsächlich könnte beim Leser der Eindruck entstanden sein, hier ende der Roman: Napoleon Fischer hat die Stichwahl gewonnen, die Bewilligung des Kaiser-Wilhelm-Denkmals geht reibungslos vonstatten, der alte Buck ist geschlagen, Diederich Heßling hat gesiegt.

Die Rezeption des Romans

Grundpositionen der Rezeption

Schon die ersten Rezensionen des Romans nach dem Vorabdruck belegen die unterschiedlichen Perspektiven, unter denen der Roman – z. T. je nach politischer Einstellung – beurteilt wurde. Der bekannte Schriftsteller Rubiner schreibt im April 1914 in der linksorientierten Zeitschrift „Die Aktion":

Lob

> „Wir müssen Heinrich Mann danken. Dafür, daß er sich nicht mehr um Kunst kümmert, sondern um Großes, Übergeordnetes: Geistiges. Um Politisches. Um Willen. ... Unter dem unverpackten, von draußen drängenden politischen Willen des ‚Untertans' werden in Deutschland viele tausend ahnungslose Frauen und Männer politisches Blut eingespritzt bekommen." (Rubiner)

Während Rubiner die politische Bedeutung des Romans unterstreicht und glaubt, „daß die Bourgeosie, die es lesen muß, sich selbst ins Gesicht kotzt", bestreitet der konservative Autor Otto Flake eine weiterreichende Wirkung, weil der Roman aus dem Gefühl eines ‚hämischen' Hasses heraus geschrieben worden sei:

Ablehnung

> „Er greift nicht an, er stellt nur fest, und Feststellungen langweilen, wenn sie nur Wiederholungen werden. Es ist der Haß des Verstandes, nicht des Blutes, er bleibt klein und kommt nicht über die Tagesgereiztheit des Simplizissimus hinaus. Und hier ist das Wort unvermeidlich, dem ich bis jetzt aus dem Weg gegangen bin: es ist ein literarischer Haß, sein Autor ist ein Literat." (Flake, 1280 f.)

Die Grundzüge der kritischen Auseinandersetzungen mit dem ‚Untertan' sind damit vorgegeben: auf der einen Seite steht die idealisierende Einschätzung des Romans als Aufruf, daß etwas „getan wird" (Rubiner), auf der anderen Seite die Ablehnung, indem sowohl die literarische Qualität als auch die Ernsthaftigkeit des Inhalts bestritten werden.

Im November 1915 veröffentlicht Heinrich Mann einen Essay über Zola und greift hier noch einmal das Thema Macht auf. Auch wenn Heinrich Mann vorgibt, vom Kaiserreich Louis Bonapartes zu sprechen, verstehen „Freunde wie Gegner ... das alarmierende Bekenntnis zur Demokratie im Zola-Essay nur zu gut, ... ein Schlüssel-Essay; unschwer aufzuschließen für nachdenkliche Leser des Wilhelminischen Kaiserreiches im Ersten Weltkrieg" (Kantorowicz, 27):

H. Manns Schlüsselessay

> „Niemand im Grund glaubt an das Kaiserreich, für das man doch siegen soll. Man glaubt zuerst noch an seine Macht, man hält es für fast unüberwindlich. Aber was ist Macht, wenn sie nicht Recht ist, das tiefste Recht, wurzelnd in dem Gewissen erfüllter Pflicht, erkämpfter Ideale, erhöhten Menschentums. Ein Reich, das einzig auf Gewalt bestanden hat und nicht auf Freiheit, Gerechtigkeit und Wahrheit, ein Reich, in dem nur befohlen und gehorcht, verdient und ausgebeutet, des Menschen aber nicht geachtet ward, kann nicht siegen, und zöge es aus mit übermenschlicher Macht. Nicht so verteilt die Geschichte ihre Preise. Die Macht ist unnütz und hinfällig, wenn nur für sie gelebt worden ist und nicht für den Geist, der über ihr ist."
> (H. Mann: Macht und Menschen, 87)

Macht und Gewalt

Thomas Mann bezog Abschnitte des Essays auf sich und griff seinen Bruder indirekt in dem Essayband „Betrachtungen eines Unpolitischen" an:

Th. Manns Ablehnung

> „Indem ich vom deutschen Zivilisationsliteraten spreche, ... spreche ich nicht vom Gesinde und Gesindel, ... nicht also von jenem schreibenden, agitierenden, die internationale Zivilisation propagierenden Lumpenpack, dessen Radikalismus Lausbüberei, dessen Literatentum Wurzel- und Wesenlosigkeit ist. Ich spreche von den edlen Vertretern des Typus, – denn solche gibt es ... Der radikale Literat Deutschlands also gehört mit Leib und Seele zur Entente, zum Imperium der Zivilisation. Nicht, daß er mit sich zu kämpfen gehabt, daß die Zeit ihn in schmerzlichen, seelischen Widerstreit gerissen hätte ...: er stellt sich mit voller Leidenschaft in das Getümmel, – aber auf die feindliche Seite." (T. Mann: Betrachtungen eines Unpolitischen, 48 f.)

Zivilisationsliteratur

„Wozu die Finten und Volten, da der Zivilisations-
literat doch genau weiß, daß Deutschfeindlichkeit
in Deutschland niemand schadet, daß es ganz un-
gefährlich ist, ja, sogar Ehre bringt, sie zur Schau
zu tragen... Glaubt er im Ernst, das fuchtelnde
Revolutionsliteratentum, das er uns vorlebt, werde
irgendwann einmal deutsch heißen?" (ebd, 544 f.)

Für jeden Leser deutlich erkennbar setzt sich dann
Thomas Mann mit dem Roman seines Bruders aus-
einander und kritisiert voller „Empörung" Inhalt
und Stil des ‚Untertans':

Gefahr des Satiri-
schen

„Der innere Konflikt der Satire, so scheint mir, ist
der, daß sie notwendig Groteskkunst, das heißt:
Expressionismus ist... Dieser Konflikt und die
Gefahr – die Gefahr nämlich der Entartung zum
Unfug (denn ein Zerrbild ohne Wirklichkeits-
grund, das nichts ist, als eine ‚Emanation', ist weder Verzerrung noch Bild, sondern ein Unfug) –
diese Gefahr also tritt merkwürdigerweise weniger
hervor und ist auch wohl in geringerem Grade vorhanden, solange es sich um Satire größten Stils,
um Welt- und Menschheitssatire handelt. Sie wird
aber brennend, wenn die Satire zum Politischen,
zum Sozialkritischen hinabsteigt, kurz, wenn der
expressionistisch-satirische Gesellschaftsroman
auf den Plan steigt. Sie wird auf diesem Punkt zu
einer politischen, einer internationalen Gefahr.
Denn ein sozialkritischer Expressionismus ohne
Impression, Verantwortlichkeit und Gewissen, der
Unternehmer schilderte, die es nicht gibt, Arbeiter,
die es nicht gibt, soziale ‚Zustände', die es allenfalls ums Jahr 1850 in England gegeben haben
mag, und der aus solchen Ingredienzen seine het-
zerisch-liebenden Mordgeschichten zusammen-
braute, – eine solche Sozialsatire wäre ein Unfug,
und wenn sie einen vornehmeren Namen verdiente, einen vornehmeren, als den der internationalen
Verleumdung und der nationalen Ehrabschneide-
rei, so lautete er: Ruchloser Ästhetizismus." (ebd,
557 f.)

Thomas Mann hat seine Anwürfe 1931 in seiner Re-
de anläßlich des sechzigsten Geburtstages von
Heinrich Mann vor der Preußischen Akademie der
Künste in Berlin bedauernd zurückgenommen, sei-

ne Argumente wurden allerdings weiter verwendet, um Heinrich Manns Roman abzuwerten.
Nach der Buchveröffentlichung im Dezember 1918, – schon im ersten Monat wurden etwa 80 000 Bücher verkauft –, erschienen etwa 100 Rezensionen, die die schon bei den ersten Kritiken erkennbare Polarisierung fortsetzten und zugleich die Bewältigung des ersten Weltkrieges widerspiegeln.
Paul Block lobt den Roman, den er unter der Überschrift „Buch des Propheten" bespricht:

> „Die Revolution kam und siegte, weil das Bürgertum innerlich morsch geworden war. ... Überflüssige Mühe, innerhalb der deutschen Grenzen nach einzelnen Schuldigen zu suchen! Wir, die wir uns so lange geirrt haben, müssen uns endlich die Wahrheit sagen: wir selbst, wir Bürger, sind mitschuldig an allem, was geschehen ist. Denn die tragische Entwicklung mußte sich vollziehen, nachdem unter der Regierung Wilhelms II. allmählich Bürger sich in Untertanen verwandelt hatten. ... Immer deutlicher wird, daß Mann nicht der artistische Menschenbildner ist, als der er verschrien wird, sondern ein Sozialethiker großen Zuges. ... Wenn aber der Sturm vorüber ist, wird von Heinrich Manns ‚Untertan' übrigbleiben, was unzerstörbar ist: Das Denkmal einer Übergangszeit, unerbittlicher, aber auch stärker als alle anderen Denkmäler, die sie geschaffen hat." (Block, o. S.)

Der Roman als „Buch des Propheten"

Auch Tucholsky stimmt dem Roman, den er in der ‚Weltbühne' unter dem Pseudonym Ignaz Wrobel rezensiert, uneingeschränkt zu:

> „Es spricht für den genialen Weitblick des Künstlers, der den ‚Untertan' geschrieben hat, daß nichts, aber auch nichts, was in diesem Buche steht, so übertrieben ist, wie seine Feinde es gern wahr haben möchten. Man hat mir von rechts her immer wieder, wenn ich das Buch als Anatomie-Atlas des Reiches rühmte, entgegengehalten: ‚Das gibt es nicht – das kann es nicht geben! Karikatur! Parodie! Satire! Pamphlet!' Und ich sage bescheidene Fotografie. Es ist in Wahrheit schlimmer, es ist viel schlimmer." (Tucholsky, 856)

„Der Untertan Anatomie-Atlas des Reiches"

Verrisse: Gift, Haß und Geifer

Der Literaturkritiker der ‚Täglichen Rundschau' aus Berlin, K. Strecker, unterstellt Heinrich Mann hingegen, daß „er nur verleumdet, nur Gift und Haß ausdünstet", und bemerkt zu den Romanen „Professor Unrat" und „Der Untertan":

> „Beide sind vom Haß diktiert, sie triefen vor Geifer, sie schwitzen Gift. ... Er glaubt vielleicht Satire zu geben, aber ihm fehlt die innere Größe dazu, er bringt es nur bis zur Schmähschrift, dem Pamphlet." (Strecker, o. S.)

Der deutsch-völkische Literaturkritiker Adolf Bartels wertet Heinrich Manns Roman als „eine wüste Parteischrift", die nicht aus der ‚deutschen Seele komme', sondern „kalt und frech" sei, und er schließt seine Kritik mit der Drohung: „Wir werden Heinrich Mann in Zukunft ernst nehmen, aber nur, wie wir den gefährlichen Feind ernst nehmen, der uns jederzeit überfallen kann, *und den wir aus der Welt zu schaffen, uns kein Gewissen machen.*" (Bartels, 400 f.)

Drohung an H. Mann

Was hier vielleicht als nicht ernst zu nehmende Drohung anklingt, wird 1933 für Heinrich Mann Wirklichkeit, als man ihn am 15. Februar 1933 zunächst zwingt, aus der Preußischen Akademie der Künste auszutreten. Wenige Tage später verläßt Heinrich Mann Berlin, um zunächst nach Nizza, dann 1940 in die USA zu emigrieren. Im Mai 1933 werden seine Bücher verbrannt mit dem Leitspruch: „Gegen Dekadenz und moralischen Verfall! Für Zucht und Sitte in Familie und Staat. Ich übergebe der Flamme die Schriften von Heinrich Mann, Ernst Glaeser und Erich Kästner." (Wulf, 49) Im August 1933 wird ihm die deutsche Staatsbürgerschaft aberkannt.

Die Bücherverbrennung

Nach dem 2. Weltkrieg äußert Heinrich Mann gegenüber Ludwig Marcuse: „Wenn immer die Deutschen einen Krieg verlieren, drucken sie meinen Untertan." (Zit. nach H. Mann: Untertan. S. 627)

Die Verfilmung des Romans

1951 griff der Regisseur W. Staudte Heinrich Manns Roman „Der Untertan" auf und verfilmte ihn. Nachdem Staudte 1955 aus der DDR in die Bundesrepublik gewechselt war, wurde sein Film, für den sich im Westen bis dahin kaum jemand interessiert hatte, 1957 in der Bundesrepublik uraufgeführt. Seither gilt Staudtes Werk als gelungene Verfilmung des Romans.

Da gerade dieser Film immer wieder zum Vergleich mit dem Roman und zur Einübung filmanalytischer Mittel herangezogen wird, sollen exemplarisch einige Merkmale dieses Films herausgearbeitet werden.

Kameraperspektive/Bildkomposition

Überdeutlich versucht die Kamera durch die Wahl der Perspektive, das satirische Element des Films zu stützen, indem vorwiegend mit zwei Kameraperspektiven gearbeitet wird, die man normalerweise nur sparsam einsetzt: mit der Untersicht (= Froschperspektive) und der Draufsicht (= Vogelperspektive). Die dargestellten Personen werden hierdurch verzerrt, und – wie Heßling – blickt man zu jenen Personen auf, die Machtpositionen innehaben, oder man schaut – wie diese Personen – auf Heßling herab. Ahmt die Kamera anfangs noch die Kinderperspektive und die Erwachsensicht nach, so geht die Kameraperspektive in dem Moment, da wir Heßling zum ersten Mal als Erwachsenen sehen, in die karikierende Sehweise über. Um aufzusteigen, muß Heßling sich der Macht beugen, sie überragt ihn in der Gestalt Mahlmanns, von Wulckows, des Hauptmanns usw. Die Kamera bevorzugt hier die Untersicht, um die drohende Macht karikierend zu verzeichnen. Sieht man dagegen Heßling mit der Macht konfrontiert, so wird die Draufsicht gewählt: Heßling erscheint – auch

Funktion der Perspektiven

161

Verzerrung

dem Betrachter – klein, unterlegen, ängstlich verzerrt. Am deutlichsten kommt diese Perspektive in der Kaiserbegegnung zum Ausdruck.

Hat jedoch Heßling selbst Machtbefugnis, beispielsweise in der Fabrik, so sieht ihn der Zuschauer aus der Untersicht: machtvoll steht er bei seiner ersten Ansprache hoch über den Arbeitern auf den Lumpensäcken.

Personen, denen man Sympathien entgegenbringt, wie beispielsweise der alte Buck und Lauer, werden in der für diesen Film selteneren Normalsicht gezeigt.

Es fällt auf, daß im Gegensatz zur Kameraperspektive die Bildkomposition sehr traditionellen Ansprüchen genügt. Vorwiegend wird die statische

Statik

Komposition mit Betonung der Bildmitte, mit Bildsymmetrie und der Betonung der Waagerechten und Senkrechten gewählt, obgleich die filmische Satire hier noch einige ungenutzte Möglichkeiten gehabt hätte.

Einstellungsgröße

Die Zentrierung des Films auf die Person Heßlings hat zur Folge, daß bestimmte Einstellungsgrößen dominieren. Nur selten erhalten wir einen Überblick über das Geschehen durch die Totale oder durch Weit-Einstellungen (etwa beim Blick über die Netziger Straßen oder beim Überblick über die Trümmerlandschaft am Schluß).

Vorherrschende Einstellung: Halbnah bis Groß

Vorherrschend bleibt die Einstellungsgröße von Halbnah bis Groß. In extremen Situationen, in denen der Film die Macht verzerrend spiegelt, greift der Regisseur zu Detailaufnahmen (z. B. Augen Wulckows, der Mund des Hauptmanns). Wir bleiben durch die gewählten Einstellungsgrößen näher am Geschehen, die Ausschnitthaftigkeit der Darstellung verwickelt den Betrachter unmittelbarer, da man ihm nicht ermöglicht, durch einen Überblick distanziert auf das Geschehen zu blicken.

Bei Großaufnahmen greift der Film gelegentlich zur Variation mit dem Schärfenbereich, der Kopf der gezeigten Person erscheint durch den nur schemenhaft erkennbaren Hintergrund noch konzentrierter und intensiver.

Kamerabewegung

Um den Zuschauer in wichtigen Passagen unmittelbarer anzusprechen, wählt der Film die Übereinstimmung von Handlungsachse und Kameraachse. Häufig steht die Kamera bei Dialogen neben der Figur, so daß der Zuschauer das Gefühl erhält, neben dem Angesprochenen zu stehen. So wird der Betrachter unmittelbar in das Geschehen miteinbezogen, ohne allerdings direkt angesprochen zu werden.

Handlungs- und Kameraachse

Gelegentlich greift der Film bei Übereinstimmung von Handlungs- und Kameraachse zur Rückensicht (z. T. kombiniert mit der Untersicht), um die dargestellten Personen karikierend zu zeigen: etwa den faltigen Nacken des Majors vor Gericht, die hängenden Hosen des sich von der Kamera entfernenden Wulckow usw.

Die vielen Dialoge im Film legen zudem die Anwendung des Schuß-Gegenschuß-Verfahrens nahe, auch hiermit wird der Zuschauer dichter in das Geschehen geholt.

Schuß – Gegenschuß

Ein besonders gelungenes Beispiel dieser Technik ist die Szene im Lumpensaal, wobei Schuß und Gegenschuß zeitlich weit auseinanderliegen: Als Heßling den Arbeiter mit seiner Braut im Lumpensaal ‚ertappt‘, blickt er durch eine Gasse zwischen den Lumpenbergen; diesen Blickwinkel nimmt der Betrachter einige Zeit später ein, wenn er Heßling im Lumpensaal mit Guste Daimchen ‚ertappt‘.

Bildraum

Während der Roman Innenräume kaum beschreibt, gestaltet der Film schon im Vorspann seine historisierende Räumlichkeit. Das bürgerliche Wohnzimmer mit dem Bild des jungen Heßling auf einem Bärenfell, das dieser in einer späteren Szene ent-

163

Detailtreue

fernt, ist detailgetreu ,aufgebaut'. Immer wieder versucht die Kamera, die geschlossenen Räume, in denen sie sich vorzugsweise bewegt, im Hinblick auf die in ihnen lebenden Personen zu gestalten. Wulckow wird durch den Widerspruch zwischen dem zierlichen Mobiliar seiner Wohnung und der ,Großräumigkeit' seiner Person gekennzeichnet; das Unpassende wird noch unterstrichen durch die Dogge, die auf den zierlichen Biedermeiermöbeln sitzt.

Gelegentlich gelingt es der Kamera auch, Atmosphärisches zu vermitteln, wenn sie etwa den Dunst der Heßlingschen Fabriksäle einfängt.

Nur einmal verläßt die Kamera die Stadt, um in der Natur mit Heßling und Agnes zu verweilen.

Personendarstellung

Karikaturen

Überdeutlich – wie bei der Wahl des Kamerastandortes – werden die einzelnen Charaktere überzeichnet. Die Glatze des Majors, die abstehenden Ohren seines ,Adjutanten', die geschniegelte Glätte des Leutnants, der fette Nacken Heßlings und sein Kurzhaarschnitt, die Barttrachten, die dümmliche Rundlichkeit Gustchens, die sich in Heßlings Schwester ansatzweise wiederholt, dienen der karikierenden Darstellung. Wulckow ist weniger ein Individuum als eine Karikatur, und seine Gefährlichkeit kommt nur in Ansätzen zum Ausdruck.

Ausgenommen von dieser verzerrenden Darstellung sind jene Personen, die Sympathie genießen: die Arbeiter und die liberalen Kräfte.

Die Vertonung

Funktion des Erzählers

Strukturierendes Prinzip ist der Erzähler, der mit leicht ironischem Unterton einzelne Szenen kommentiert, Handlungen begründet, vorausnimmt und Situationen erläutert. Für den Zuschauer legt diese Art des aus dem Off sprechenden Erzählers nahe, daß hier Originalzitate aus dem Roman verwendet werden, dies stimmt jedoch nur insofern, als der Erzähler eine geschickte Zusammenfassung anbietet, die nur stellenweise durch Originalzitate authentisch wird. Der Regisseur arbeitet also mit einer raffinierten Methode der Suggestion, der Film halte sich eng an den Roman.

Der Kommentar ermöglicht die ironische Distanz des Zuschauers, durch die Besonderheit der sprachlichen Darstellung wird das Satirische des Films noch erhöht.

Wie der Roman mit einer spezifischen Form der Leitmotivik arbeitet, so versucht auch der Film mit einer ähnlichen Zielsetzung durch den Einsatz der Musik eine Klammer zu schaffen, z.B. das Motiv der Marschmusik oder sich wiederholende Tonfolgen. **Musik**

Inhaltliche Mittel

Der Film beschränkt sich auf eine lineare Handlungsführung: Episoden, Intrigen, Konflikte, die den Roman in seiner Verknüpfung von Politik, Privatem und Wirtschaftlichem komplizieren, werden stark vereinfacht (Prinzip der Auslassung). Nebenepisoden werden nur dann einbezogen und z. T. auch gedehnt dargestellt, wenn sie sich dem Prinzip der Satire zuordnen lassen (Prinzip der Akzentuierung). Die Darstellung tendiert in einzelnen Fällen zur deutlichen Überzeichnung von Situationen, die Heßling als Figur einer simplen Parodie erscheinen lassen (z. B. Kampf mit dem Hund Wulckows, Hochzeitsnacht = Prinzip der Übertreibung). **Linearität**

Überzeichnung

Auch die Zeichnung der Nebenpersonen wird nur dem Prinzip der Satire untergeordnet: die Mutter etwa, die im Roman das Gegenprinzip zum Vater darstellt, bleibt im Film vordergründig und ordnet sich dem bösartigen Erziehungsprinzip des Vaters zu.

Heßling selbst erscheint von Anfang an nahezu komplett in seiner Gemeinheit; im Film hat er jene Sentimentalität, die ihn im Roman immer wieder bewegt, nicht zu bekämpfen. Er ist skrupellos von Anfang an.

Bibliographie

Primärliteratur

Mann, Heinrich: Der Untertan. München 1992.

Mann, Heinrich: Der Untertan. Roman. 35. überarb. Auflage. München 1993.

Mann, Heinrich: Der Untertan. Mit einem Nachwort und Materialanhang von Peter-Paul Schneider. Frankfurt a. M. 1993.

Mann, Heinrich: 1871–1950. Werk und Leben in Dokumenten und Bildern. Berlin und Weimar 1971.

Mann, Heinrich: Macht und Menschen. Essays. Hrsg. v. Peter-Paul Schneider. Frankfurt a. M. 1989.

Mann, Heinrich: Das öffentliche Leben. Berlin, Wien, Leipzig 1932.

Mann, Heinrich: Kaiserreich und Republik. Essays. Hrsg. v. Peter-Paul Schneider. Frankfurt a. M. 1989, S. 173 ff.

Mann, Heinrich: Reichstag. In: Essays. a.a.O. S. 26 ff.

Mann, Heinrich: Ein Zeitalter wird besichtigt. Düsseldorf 1974.

Mann, Thomas und Mann, Heinrich: Briefwechsel 1900–1949. Hrsg. v. Hans Wysling. Frankfurt a. M. 1968.

Sekundärliteratur

Bartels, Adolf: Der „Neue" Roman. In: Konservative Monatsschrift. März 1919.

Bartels, Adolf: Die deutsche Dichtung der Gegenwart. Leipzig 1921.

Block, Paul: Buch des Propheten. Heinrich Manns Roman „Der Untertan". In: Berliner Tageblatt, 14. Dez. 1918.

Böll, Heinrich: Kritiklos untertan. In: Akzente. H. 5. 1969, S. 403.

Craig, Gordon: Deutsche Geschichte 1866–1945. München 1983.

Emmerich, Wolfgang: Heinrich Mann „Der Untertan". München 1980.

Flake, Otto: Von der jüngsten Literatur. In: Die Neue Rundschau. Jg. 26. 1915, S. 1280 f.

Geißler, Klaus: Die weltanschauliche und künstlerische Entwicklung Heinrich Manns während des Ersten Weltkrieges. Jena 1963.

Handtmann, K. (Hrsg.): Worte und Reden Sr. Majestät Kaiser Wilhelms II. Berlin 1905.

Hocker, Monika: Spiel als Spiegel der Wirklichkeit. Bonn 1977.

Johann, Ernst (Hrsg.): Reden des Kaisers. Ansprachen, Predigten und Trinksprüche Wilhelms II. 2. Auflage. München. 1977.

Kaufmann, Hans: Krisen und Wandlungen der deutschen Literatur von Wedekind bis Feuchtwanger. Berlin und Weimar 1966.

Kirsch, Edgar und Schmidt, Hildegard: Zur Entstehung des Romans ‚Der Untertan'. Weimarer Beiträge 1960.

Kühn, Walter an H. Mann am 1. Aug. 1914. Zit. nach: Mann, H.: Der Untertan. Mit einem Nachwort und Materialanhang von Peter-Paul Schneider. Frankfurt a. M. 1993. S. 579 f.

Mahrholz, Werner. Heinrich Manns ‚Untertan'. Bemerkungen über Talent und Menschlichkeit. In: Das literarische Echo, 21. Jg. (1918/19), S. 518 ff.

Mann, Thomas: Betrachtungen eines Unpolitischen. Frankfurt a. M. 1956.

Riha, Karl: „Dem Bürger fliegt vom spitzen Kopf der Hut". Zur Struktur des satirischen Romans bei Heinrich Mann. In: Arnold, Heinz Ludwig (Hrsg.): Text + Kritik. H. Mann. München 1971.

Rubiner, Ludwig: Glosse. In: Die Aktion. Berlin, Jg. 4. Nr. 16 vom 18. 4. 1914, Sp. 335 f.

Scheuer, Helmut: Heinrich Mann ‚Der Untertan'. In: Interpretationen. Romane des 20. Jahrhunderts. Bd. 1. Stuttgart 1993.

Scheibe, Friedrich Carl: Rolle und Wahrheit in Heinrich Manns Roman ‚Der Untertan'. In: Literaturwissenschaftliches Jahrbuch. Neue Folge 7. 1966.

Schröder, Wilhelm (Hrsg.): Das persönliche Regiment. Reden und sonstige öffentliche Äußerungen Wilhelms II. München 1907.

Schröter, Klaus: Heinrich Mann in Selbstzeugnissen und Bilddokumenten. Hamburg 1967.

Schröter, Klaus: Zu Heinrich Manns ‚Der Untertan'. In: Ders., Heinrich Mann. Untertan – Zeitalter – Wirkung. Drei Aufsätze. Stuttgart 1971.

Süßenbach, Petra: Formen der Satire in Heinrich Manns Roman ‚Der Untertan'. Breslau 1972.

Stanzel, Frank K.: Typische Formen des Romans. Göttingen 1979.

Strecker, Karl: Thomas Mann und Heinrich Mann. Ein Vergleich nach ihren beiden letzten Werken. In: Tägliche Rundschau 15. April 1919.

Tucholsky, Kurt: Mit Rute und Peitsche durch Preußen-Deutschland (1927). = Gesammelte Werke. Bd. 2. Hamburg 1961.

Ignaz Wrobel (d. i. Kurt Tucholsky): Der Untertan. In: Die Weltbühne. 20. März 1919.

Wulf, Joseph: Literatur und Dichtung im Dritten Reich. Hamburg 1966.

Vogt, Jochen: Diederich Heßlings autoritärer Charakter. Marginalien zum ‚Untertan'. In: Arnold, Heinz Ludwig (Hrsg.): Text + Kritik. Heinrich Mann. München 1971.

FÜR NOTIZEN

FÜR NOTIZEN

FÜR NOTIZEN

FÜR NOTIZEN

FÜR NOTIZEN

FÜR NOTIZEN

FÜR NOTIZEN

Klett LernTraining®

Einfach bessere Noten

Die Reihen, die allen Bedürfnissen gerecht werden, im Überblick

1. Training –
Nachhilfe aus dem Buch

2. Die kleinen Lerndrachen –
Training für alle Grundschüler

3. PC-Kombi-Training –
die Fitness-Programme: Kombination aus Lernbuch und Übungssoftware

4. Lektürehilfen –
Durchblick bei der Lektüre

5. Abiturwissen –
das geballte Wissen fürs Abi

6. Abi-Training –
fit fürs Abi

7. PC-Kurswissen –
pures Abi–Wissen aus dem Computer

Klett LernTraining im Internet:
www.klett-verlag.de/klett-lerntraining

Das Lernhits-Gesamtverzeichnis:
in Ihrer Buchhandlung oder direkt bei Ernst Klett Verlag,
Postfach 10 60 16, 70049 Stuttgart